TINTA

JOYCE

TRILOGIE

Tagebücher vom eigenen Hof

Teil I	**TIERE**
Teil II	**GARTEN**
Teil III	**REZEPTE**

…und ein Nachwort zum Thema VEGANUARY

Erstveröffentlichung
Bibliografische Information
der Deutschen Nationalbibliothek:
Die Deutsche Nationalbibliothek verzeichnet diese Publikation
in der Deutschen Nationalbibliografie,
detaillierte bibliografische Daten
sind im Internet abrufbar über
http://dnb.dnb.de

TRILOGIE Tagebücher vom eigenen Hof

Teil I TIERE

Teil II GARTEN

Teil III REZEPTE

Cover: easy cover

Layout, Satz, Text, Fotos: Martina C. Hammond Bund

Verlag: BoD • Books on Demand GmbH, In de Tarpen 42,
22848 Norderstedt
Druck: Libri Plureos GmbH, Friedensallee 273, 22763 Hamburg

ISBN: 978-3-7597-5260-4

Dieser Hahn war einer der besten, Hansi!

Dem Leser gewidmet, der sich traut, sich mit diesen Themen ernsthafter zu befassen, und trotzdem unterhalten werden möchte...

Dies ist eine wahre Geschichte. Teilweise wurden Namen zum Schutz der Privatsphäre geändert.

Sämtliche Empfehlungen werden ausschließlich auf eigene Verantwortung des Lesers ausprobiert, weder die Autorin noch der Verlag, übernehmen jegliche Gewähr. Dies gilt auch für sämtliche Inhalte aller web-Links.

Mitschriften aus diversen Tagebüchern wurden hier zusammengetragen, die Reihenfolge erfolgt nicht immer chronologisch. Enthält Beiträge von unserem Sohn, und meinem Mann, der Engländer ist. Aus diesem Grund die folgenden geschätzten Anteile: Deutsch 85%: Englisch 15%

Ich bitte zu entschuldigen, falls hier Dinge zur Sprache gebracht werden, die allgemein eher unüblich sind. Ich kann nun mal nicht anders, als offen und ehrlich zu sein. Nur so bleibe ich authentisch. Alles andere wäre eine Lüge.

TRILOGIE
Tagebücher vom eigenen Hof

Inhalt:

Meine Eltern nach einer Ausfahrt mit mir und der Kutsche und Joey

TINTA

JOYCE

TRILOGIE

Tagebücher vom eigenen Hof

Teil I   TIERE

Vorwort und Vorgeschichte

Viele träumen vom eigenen Hof. Mit diesem Buch bekommt der Leser Informationen aus erster Hand. Die Autorin und ihre Familie haben sehr mutig einen Hof bezogen, den sie zuvor noch nicht einmal von innen gesehen hatten! 10 Jahre haben sie ausprobiert, wie das Landleben wirklich ist, einer bunten Schar Hahn und Hühnern, Enten, drei Mutterschafen, zwei Milchziegen, einem Pony, zwei Gnadenbrot-Pferden, Hunden und Katzen ein Zuhause zu geben.

Der englische Ehemann meint dazu Folgendes:

"A lot of people are dreaming of having a semi-rural lifestyle. This book shows that it is not always so easy to fulfil this dream."

Wer kennt nicht den Film Out of Afrika, und den berühmten ersten Satz „Ich hatte eine Farm in Afrika!"

So ähnlich darf ich nun auch beginnen: Ich hatte eine Farm im Naturpark des Hohen Fläming, nicht in Afrika, aber trotzdem wunderschön gelegen, kurz bevor der Naturpark endet, und sich Fuchs und Wölfe gute Nacht sagen.

TINTA JOYCE, was für ein Name, er gefiel mir schon immer. Ursprünglich stamme ich aus dem damals noch eingemauerten West-Berlin. Ich bin also ein Stadtkind, dass auf Ponyhöfen und Reitervereinen immer davon träumte, eines Tages ein eigenes Pony oder Pferd zu haben. Im Kinderzimmer gab es eine Fototapete an der Tür, dass mir die Illusion und Freude gab, direkt mit meinem Pferd leben zu können. Niemals im Leben hätte ich zu träumen gewagt, dass sich dieser Traum genau so einmal realisieren lassen würde. Aber bis dahin war es noch ein weiter Weg mit vielen Abzweigungen…

Nachdem ich nach sechs Jahren als Alleinerziehende, meinem Sohn, er heißt hier Jakob, wieder einen Vater wünschte, lernte ich mit 41 Jahren meinen Man über PARSHIP kennen, nennen wir ihn Oliver. Nach Jakobs erstem Schuljahr, zogen wir zu Oliver nach Yorkshire, Nordengland. Bald gab es unsere Traumhochzeit und wir lebten glücklich und zufrieden mit wunderbaren Jobs in einer Bilderbuchlandschaft. Jakob lernte die neue Sprache Rucki Zucki während der ersten großen Sommerferien. Aber, es gab ein aber! Denn als deutsches Kind an einer englischen Schule, wurde mein Sohn über Jahre hinweg gemobbt. Und als Jakob auch nach weiteren 3 Jahren noch immer keine Freunde finden konnte, beschlossen wir, vielleicht besser ein neues gemeinsames Leben woanders aufzubauen. Das war keine leichte Entscheidung, hatten wir uns doch gerade erst als neue Familie eingerichtet.

Ursprünglich hatten wir überlegt, eine Pension wie ein englisches Bed&Breakfast zu eröffnen, mit dem Fokus eines Selbstversorgerhofes. Wir begannen zu suchen. Ein ganzes Jahr lang trugen wir alle Informationen zusammen und sehnten uns nach einem neuen Zuhause, das für uns passte. Da wir für eine Finanzierung über die Bank anscheinend nicht solvent genug waren, blieb uns nicht viel Auswahl. Als wir den Buckautaler Hof zum ersten Mal von innen sahen, waren wir schockiert.

Unsere Haussuche war eine regelrechte Odyssee gewesen. Die Suche führte uns erst nach Portugal in die Gegend um Coimbra, nach Frankreich in die Region bei Limoges und innerhalb Deutschlands hatten wir gefühlt fast alle Immobilien gesehen, die sich als ursprünglich geplantes B&B geeignet hätten (Schwarzwald, Malente, Rügen, Mirow, Lutherstadt Wittenberg), um schließlich in Buckautal zu landen, weil es so nah an Berlin lag und, wie wir annahmen, die freundlichsten Anwohner hatte. Wir erfuhren von dem Haus auf der Beerdigung meiner Oma im Juni 2010. Meine Schwägerin, die mir im Restaurant gegenübersaß, hatte plötzlich einen Geistesblitz: „Ein Bekannter von mir will einen Hof verkaufen, der sich so ziemlich danach anhört, wie das, wonach ihr sucht!" Obwohl wir anlässlich der Beerdigung nur für drei Tage aus England nach Berlin geflogen waren, nahmen wir uns am nächsten Tag die Zeit einen Ausflug nach Buckautal zu unternehmen. Leider hatte der damalige Verkäufer keine Zeit, um sich mit uns zu verabreden, aber wir waren neugierig genug es uns wenigstens einmal von außen anzusehen. Wenn Udo damals für uns Zeit gehabt hätte, wäre unser Schicksal vielleicht ganz anders verlaufen. Aber so sahen wir eben nur alles von außen, parkten das Auto neben der Fachwerkscheune, was uns sofort als Fremde identifizierte. Denn da parkt kein Mensch, niemals! Traktoren fahren hier öfter entlang und brauchen eine freie Durchfahrt, aber das wussten wir damals noch nicht.

Als wir so durch das Dorf Richtung Kirche schlenderten, sah uns eine freundlich lächelnde Dame, die grade ihre Gartenarbeit im Vordergarten verrichtete. Ihr Haus ist das alte Pfarrhaus mit den spitzen Türmchen, gleich neben der Kirche. Ute und Thomas Gandows Domizil, Ex-West-

Berliner, die seit vielen Jahren in Buckautal leben und hier nicht mehr wegzudenken sind. Und so kam es, dass uns der erste Besuch in Buckautal in angenehmer Erinnerung blieb und sogar dazu führte, dass wir den Kaufvertrag für den Hof, nach einem Jahr der erfolglosen Suche, schließlich unterzeichneten.

Wir entschieden uns für diesen Hof, da wir ihn ohne fremde Hilfe bezahlen konnten und er nur eine Autostunde von meiner Heimatstadt Berlin entfernt lag. Der Plan erfüllte sich nur zum Teil, weil das Leben anderes mit uns vorhatte und stattdessen meine Eltern bei uns auf dem Hof wohnen sollten. Bevor wir umzogen, verbrachten wir noch mit Freunden einen Urlaub in England. Alles war geregelt: Mietverträge, Jobs und Schule gekündigt, Kisten gepackt, Umzugsunternehmen beauftragt. In das Auto passte noch nicht einmal mehr eine Briefmarke…Jakob hatte den Hasenkäfig mit den beiden Kaninchen auf dem Schoß.

We arrived at Phil & Anne's caravan on 11th July 2011 with our two rabbits, Roy and Archimedes. Roy was our very first pet in the family. He was a very cute looking, white, and spotty, floppy ears, male rabbit. He liked to be stroked on his belly. That was easy when he was a baby rabbit. We turned him around so he would lie on his back on my lap for a short TV program or so. We bought him in the Skipton pet shop near the Highstreet. We knew the owners where nice people who would answer us all sort of questions, even the silly ones. The other rabbit was Archimedes, an even more cute and fluffy (is there a word fluffier?). He was a tiny, dark brown male Lionhead rabbit. He was found in the garden of the Rectory cottage, also in Skipton, where Tinta had worked for a couple of years as the Parish Administrator. After an Odyssey of one year house hunting in Portugal, France and Germany, we finally decided to buy a house in not far from Berlin, in Germany. The house was the only property, that we could afford, means pay cash. The house was big enough for our purpose, maybe to open a B&B and have a self-sufficiency the same time. It was the only property, that we had seen only from outside, which was a big mistake. But finally, it was a great adventure.

And here the story begins:

Roy and Archimedes were stuffed into a tiny space next to Jakob in the car; their hutch tied to the top of the car. The car was totally stuffed. However, the rabbits seemed to enjoy their stay as we also had a run where they could be outside for most of the day. The same for our trip to Cornwall. Again, they could stay outside in the garden of the holiday cottage all day. This was in Marazian, directly in front of the glorious St Michael's Mount, a castle in the sea.

The trip to Germany by car was another story. We had a very long journey from Cornwall to a hotel in Deal. The hotel was a bit at a dump, and come to think of it, so was Deal. The hotel had no parking, no garden. We had to smuggle the rabbits into our bedroom. Unfortunately, they spent most of the night thumping the floor of their cage. We thought we were going to get complaints about the noise but got away with it. The only sign that the rabbits had been there was a sprinkling of sawdust. At least it was fresh, much fresher than the rest of the room.

During the travels from England to Germany we were able to provide a hutch, and by joining it to their run, it gave them a nice area to run in. Unfortunately, we put this on sandy soil, and they quickly escaped by tunnel. We then put them on to the cobbled area which forestalled any escape attempts. Looking back, we felt sorry for our ten-year-old son, Jakob. Because the estate car was absolutely packed with baggage and stuff, the only place for the rabbit cage to be, was on Jakob´s lap. I wonder how he had survived that trip. It was not fair on him. But he didn´t moan a bit. Only once, when we drove back from the last holiday in Cornwall heading towards that horrible hotel at Deal, due to traffic we had to take a scenic route, which was full of winding roads mile after mile. Suddenly Jakob said that he felt sick, quickly opened his rear window and a huge wave of vomit splashed onto a nicer car than ours, which was just passing that exact moment. If that driver will ever read these lines, we are very sorry!

F inally settling down in Buckautal, within the first couple of weeks, we acquired three free (wild) cats. We had promised to buy Jakob a cat when we got here. Tinta found a note in the local supermarket. I think, where they were offering kittens for free. Of course, we do not come with the one, but mother and two kittens. They were from a farm but were wild. They lived under our kitchen cupboard for five days, only venturing out occasionally. We finally recaptured them and took them to an area which we had prepared for them. They understandably took this opportunity to escape for good and have not been seen since. They were not cuddlable in the slightest and would never have made house pets.

A couple of weeks later it was the turn of the dogs. Tinta had promised me one for my birthday. Again, we couldn't just have the one, we ended up with two. Both brothers were black, their father was a proper black Labrador and their mum a German Shepherd. It was not easy to decide, because the entire lot was so sweet. All black, some with a bit of white. The good lady came to us with Harpo on her arm and said: Look in his eyes. The eye colour was incredibly beautiful. Just like honey (Bernstein). On the way back home, this time both puppies had to vomit in the car. We arranged several stops until we finally arrived in Buckautal, approx. 100 miles to drive. We named them straight ahead after two of the Marx brothers, which films we loved. So, *Groucho* was the dark one, and *Harpo* another black one, but with white chest and his eyes like honey.

For the first three weeks, both, myself and Tinta, have been waking up during the nights to let them out. But to their credit the dogs are reasonably well behaved. Though we should have known that naming them after the Anarchist Marx Brothers, was maybe not a brilliant idea, they were just looking for adventures 24/7. Jakob's godmother Beta-Renate told us, to train the dogs with a „Fliegenklatsche "if they were naughty boys. And so, the followed our advised immediately when we rose the Fliegenklatsche, and still do.

During the nights they slept together in a giant dog basket, snugged in warm blankets, which was in the corridor. In the mornings they were cleaning each other's ears out and then starting to play and eventually to fight, which was then the final moment to get out of bed.

Tinta is now wanting chickens, but I cannot see the point yet of getting any animals before the winter.

14. Oktober 2011

Ich bin in Magdeburg und warte im Café auf Oliver und Jakob, die gerade bei C&A Jeans kaufen. Die Welpen haben sich endlich von der Fahrt beruhigt und versuchen nun aneinander gekuschelt zu meinen Füßen zu schlafen. Buckautal ist wie ein Roller-Coaster. Wir warten auf unseren Architekten-Freund Froede, der uns seinen Eindruck zu unserem Haus geben wird. Er besucht uns am Mittag und wird mit seiner Freundin kommen. Ich werde Grünkohl mit Cabanossi anbieten.

Die ersten Eindrücke von unseren Freunden und vom Architekten:

- Es ist leider zu feucht, um es anzuzünden...
- Vielleicht könnte man eine Bombe reinschmeißen...
- Noch nie in meinem Leben bin ich so gerne zu meinem eigenen Zuhause gefahren, wie heute. Ihr tut mir echt leid...
- Oha, da habt ihr euch aber was angelacht. Na dann viel Spaß...

Man muss dazu sagen, dass der Kaufpreis ein echtes Schnäppchen war. Nur deshalb und wegen der Nähe zu Berlin, hatten wir uns dafür entschieden. Und weil es so viel Potential in sich trug: Rund 300m² Wohnfläche, ca. 4000 m² Gartenland, eine riesige Fachwerkscheune, ein altes Klinkerbackhaus mit großem Brotbackofen, mehrere alte Stallgebäude und eine ideale Lage innerhalb des Dorfes. Das bedeutete, nah zum Fluss und nah zur Dorfkirche. Allerdings ohne einen Laden, keinen Bäcker, kein Café, kein gar nix.

Die nächsten Einkaufsmöglichkeiten sind ein paar Kilometer entfernt. Daran muss man sich erstmal gewöhnen. Immerhin gibt es einen Bäckerwagen, der zweimal pro Woche bimmelt und dann muss man sich beeilen. Und einen Lieferservice mit lebendigem Federvieh, der samstags pünktlich um kurz vor 10 Uhr gegenüber der Kirche hält. Alles andere ist nur Natur, Ruhe und nur ab und zu hören wir die Landmaschinen der Agrargenossenschaft, die durchfahren.

22. Oktober 2011

Wir haben seit einer Woche Hühner! Es sind 4 Hennen und ein Hahn. Sie haben noch keine Namen. Obwohl wir bereits an Charles & Camilla gedacht haben… Oliver meinte, es sei kein Kompliment für die Hühner. Sorry, englischer Humor. Nun sind sie bereits eine Woche bei uns und ich merke, dass sie etwas mehr Selbstvertrauen bekommen haben. Der Hahn verleiht sich Respekt bei den Hunden. Mussten so lachen, wie Harpo heute vor dem Hahn weggelaufen ist, mit eingezogenem Schwanz! Auch haben sie uns drei Eier geschenkt, jeden zweiten Tag eines. Die Hennen sind noch jung und werden sicher mit der Zeit mehr und mehr Eier legen.

5. November 2011

Genau, die Hennen legen nun fleißig Eier, 3 bis 4 pro Tag. Sie schmecken um einiges besser als gekaufte Eier. Ein ganz neuer Gedanke, vielleicht nie mehr Eier kaufen zu müssen!? Vielleicht können wir sogar welche verkaufen. Jedenfalls kommen morgen am Sonntag meine Eltern und nehmen sich Eier mit.

19. November 2011

Die Hunde haben mich heute zur Weißglut getrieben, sind ständig durch den hinteren Bretterverschlag durchgebüxt. Einmal brachte sie ein Nachbar zurück, zu dem Zeitpunkt wussten wir noch nicht, dass er Nachbar war, zweimal mussten Jakob und ich sie zurückholen.

Oliver ist für 5 Tage in Barnsley und wir vermissen ihn sehr auf dem Hof. Besonders die Hunde vermissen die ausgedehnten Spaziergänge mit ihm. Jakob und ich waren heute am Fluss entlang mit ihnen spazieren, wo sie nach Herzenslust rennen und sich gegenseitig jagen können. Harpo und Groucho sind nun 4 ½ Monate alt und nicht wirklich erzogen. Sie ziehen wie verrückt an der Leine, machen meist erst nach der dritten Aufforderung „Sitz". „Platz" kennen sie gar nicht. Auch wenn man sie ruft, ist es reine Glückssache, wenn sie dann mal kommen. Auch ständiges Beißen und Raufen, ist wohl ein Liebesbeweis unter Hunden. Nur vergessen sie, dass wir keine Hunde sind!

Gestern habe ich versucht Jakobs Cashmere Pullover zu flicken. Fünf bis sechs Löcher, wie Dreizacke sahen sie aus. Ich muss darauf bestehen, dass Oliver die Hunde besser erzieht, oder wir in eine Hundeschule investieren. Anders geht es nicht!

21. November 2011

Genau auf den Tag vor zwei Jahren hatten wir Omis 92. Geburtstag zum allerletzten Mal gefeiert, natürlich ohne zu wissen, dass es das letzte Mal sein wird. Wir hatten Sherry und Pralinen von *Lilly O`Brien* aus England mitgebracht... Heute Morgen, schon gegen 6 Uhr, habe ich eine goldene Kerze für Omi entzündet und ihr ein Happy Birthday gesungen. Sicher hat sie mich gehört, wo auch immer Oma jetzt ist. Muss mir heute einfach alles von der Seele schreiben. Ich glaube fast, dass ich ein schrecklicher Mensch bin. Ich habe keine Nerven mehr, besonders mit den Hunden. Groucho hört gar nicht, er verschwindet ständig. Harpo ebenso, wenn man ihn unbeobachtet lässt. Sie entwischen linke Seite, wo die Brennnesseln sind, direkt neben dem fast eingebrochenen Schuppen, der Schuppen, den Jakob, als allererstes als sein eigenes Reich ausbauen wollte, was jedoch aufgrund von erhöhter Einsturzgefahr leider nicht durchführbar war. Außerdem stinken sie nach allermöglicher Schiete, um es freundlich auszudrücken, Pferde-, Kuh-, Hühnermist, abgestandener Jauche vom nahen Flussufer. Auch Kadaver habe ich schon bei den Hunden gesehen, sie trugen es im Maul umher. Es sah aus, wie ein totgeborenes, nacktes Etwas. Vielleicht ein Maulwurf oder eine Ratte. Nun hab ich sie schweren Herzens ins Haus und auch in unsere momentane Wohnstube gelassen, es brennt nur eine Kerze. Und so schlafen sie jetzt friedlich, als wären sie die größten Engel – auf unserem Bett!

Morgen kommt Oliver endlich wieder zurück.

5th December 2011

We had our first fatality today. One of the hens was ripped apart but we do not know by what. It could have been one of the dogs, but we are not certain. It was a shame really as I think there was a nice little grouping of chickens. We shall have to buy a replacement.

We should name them, as it seems sad not to be able to mourn an unnamed member of the family. About the dead chicken: We were not sure what to do with the dead body. A buried hen on our premises would have been an invitation for our twins, doggy-gangsters, to dig it out… so we decided to try and cook it; if not for us, then possibly for the cats or dogs. Oliver was so brave to cut off the head and legs with his big axe, which is usually used as a wood splitter. Then I organised a plastic bag (Aldi!) and left it then in our fridge. I tried not to have the Christmas biscuits, Weihnachtsplätzchen, or the freshly baked Christmas cake near it, all covered in tins and foil. But just the thought, of having a dead chicken in the fridge, every time you open it…not nice. So today, the day after, I tried to have a go, taking off the feathers. It was not easy, the feathers were full of sand, either from the last sandbathe or the last fight for life. I used boiled water and poured it over, which changed the appearance a bit. The moment I used my rose secateurs, Rosenschere, to cut off the wings, I felt so awful; like I had cut off the wing of an angel.

„Ich kann´s nicht! "„I can´t do it! "

Oliver put it in the bin kindly, not to encourage a marder/martins who obviously lives in our attic, neither/nor our dogs to sneak and find the poor dead chicken. Sorry cats and dogs, no feast, back to the normal diet. This experience might have changed my eating habbits, especially about poultry.

Was von da an, immer wieder passierte: Totes Huhn, wir brauchen Ersatz! Kommenden Samstag, kurz vor 10 Uhr an der großen Kastanie gegenüber der Dorfkirche vom mobilen Hühnerwagen...ich habe das Federvieh von da an, nicht mehr gezählt.

16. Dezember 2011

Noch ein Huhn ist tot. Die Hunde waren es, Jakob hat´s genau gesehen, als ich grad Sonntag früh in der Kirche war. Morgen kommt hoffentlich wieder der Hühnerwagen. Oliver wird zwei neue Hennen kaufen und im Karton nach Hause bringen. Es sind nur ein paar Schritte.

Ich bin grad mit Jakob bei unseren Freunden in Minden. Es ist wunderbar hier! Ich genieße es, meine Ruhe zu haben. Keine Hunde, die mich sogar bis aufs Klo verfolgen, keine Verpflichtungen. Einfach nur ich sein und meine Zeit mit Tanja genießen. Morgen fahren wir in ein Antik-Café und werden dort nach Herzenslust sein. Ich freue mich darauf und bin Oliver dankbar, dass er mir ermöglicht hier zu sein. Danke, Schatz!

Apropos Kirche: im Dorf wollten wir uns von der besten Seite zeigen…inzwischen bin ich ausgetreten.

2012 - das neue Jahr hat begonnen.

In der ersten Februarwoche 2012 bekamen wir unseren neuen Kater. Eine nette Frau aus Ziesar rief mich an und bat mich, ihn ihr abzunehmen, er sei ihr zugelaufen und lebe aktuell im Partykeller. Da er anscheinend recht dominant ist, wagen sich nun ihre eigenen Katzen nicht mehr ins Haus. Jakob hat ihn Kaja genannt, nach einem weiteren Comedian. Er soll ca. 3 Jahre alt sein. Kaja ist ganz dunkel, komplett schwarz-schokobraun; bis auf wenige weiße Brusthaare, die man nur mit einer Lupe erkennen könnte.

Kaja hat sich gut eingelebt – Allerdings haben wir nun Probleme mit den Hunden! Besonders mit Groucho. Ständig läuft er weg und wir müssen hinterherjagen. Ich kann nicht mehr zählen, wie oft. Wir sind alle fertig mit den Nerven! Wir müssen einsehen, dass wir Groucho nicht behalten können. Auch müssen wir uns an die eigene Nase fassen, dass wir es versäumt haben, die beiden jungen Hunde in einer Hundeschule anzumelden. Ich denke wir sind oft zu naiv, glauben, dass das alles so einfach irgendwie funktioniert. Aber letztendlich ist alles harte Arbeit. Und so süß wie Hundebabies sind, so sehr fordern sie auch Disziplin und Verantwortung. Nun ist es zu spät. Wir haben es tatsächlich versäumt, rechtzeitig den jungen Hunden Grenzen aufzuzeigen. Wie im wahren Leben. Jetzt haben wir den Salat! Das Leben ist zu chaotisch. Wir müssen uns von Groucho trennen. Hoffentlich meldet sich bald ein besseres neues zu Hause für ihn. Ich bin insgesamt überfordert. Wir haben uns das alles viel zu romantisch ausgemalt. Aber wer kauft schon ein Haus, das er vorher nicht von innen gesehen hat, nur mal als Beispiel. So verrückte Sachen machen nur wir. Aber irgendwie ist es auch gut, dem Leben zu vertrauen. Man kann nun mal nicht alles im Leben kontrollieren.

Meine Finger sind wund vom mehrtägigen Bauen des Kaninchen-Geheges. Noch immer sind wir nicht damit fertig. Jetzt fehlen noch die Eingangstür und ein Teil, das wir als Dach und Regenschutz verbauen können. Es ist etwas größer als das, das wir in ihnen früher in Gargrave (England) gebaut hatten. Hoffentlich wird kein Marder oder Fuchs die beiden ermorden.

„Roy" und „Archimedes" haben wir nun bereits seit fast vier Jahren. Und obwohl beides Böcke sind, verstehen sie sich gut. Wir sollten sie öfter zum Kuscheln auf dem Sofa haben, dann wären sie noch zahmer. Sicher würde es den beiden auch guttun.

2. Februar 2012

Wir haben Minus – 17°C, ich spüre die Kälte wie anscheinend niemals zuvor. Oliver tut mir leid, er kennt solche Temperaturen aus England nicht. Die Tiere sind so dankbar für Trinkwasser; natürlich müssen sie schnell trinken, da es sonst gleich wieder einfriert. Es gibt einen inneren Frieden, die Katzenköpfe so dicht wasserschlecken zu sehen. Auch die Hühner und der Hahn sind ein friedvoller Anblick beim Wassertrinken. Einige Tropfen gelangen dabei auf ihr Gefieder an der Brust und dann schütteln sie sich, plustern sich auf. Entgegen allem Gerede in der Fachliteratur, legen sie sogar im tiefsten Winter noch Eier. Riesengroße Exemplare sind dabei, sie füllen fast meine ganze Hand aus und sind so schön braun, manchmal mit Sommersprossen.

4. Februar 2012

Ich habe eben den Polarstern gesehen, er hat mir zugezwinkert. Die Eisblumen flirren durchsichtig blau im Mondenschein am Küchenfenster. Schneeflocken tanzen federleicht vom anscheinend wolkenlosen Himmel. Die Schritte im Schnee knarren, Eiskristalle so groß wie gigantische Diamanten. -20°C. Winter im Buckautal.

21. März 2012

Unsere Lieferung von 100 kg Weizen kam gestern. Sie kosten 9 €. Ein Nachbar, Klaus, hat den Weizen netterweise besorgt. Was für ein Schnäppchenpreis! Kein Wunder, dass die Bauern nicht mehr klarkommen.

Übrigens haben wir endlich Ruhe, Frieden und Harmonie im Haus. Letzten Freitag wurde Groucho von seiner neuen Familie abgeholt. Sie leben in Münster/Soltau und scheinen sehr froh mit ihm zu sein. Und obwohl die neue Herrchen-Dame hochschwanger ist, freut sie sich auf das neue Familienmitglied, Groucho, und scheint auch sonst langjährig hundeerfahren zu sein. Sie hat uns Fotos geschickt. Groucho scheint es dort also richtig gutzugehen. Ende gut, alles gut. Warum nur, nimmt man an, dass die aktuelle Situation die beste sei? Wahrscheinlich, weil man die eigene Komfortzone nicht verlassen möchte. Stimmt doch, oder?

Das permanente Weglaufen der beiden Rüpel, war einfach nicht mehr auszuhalten! Fast täglich war etwas passiert und die Beschwerden häuften sich. Groucho war ein junger Hund, der die Welt entdecken wollte und auf Herrchen oder Frauchen hören, wäre viel zu langweilig gewesen. Sogar auf meinen Schreibtisch war er gesprungen, hatte Vasen und Blumentöpfe kaputtgeschmissen. Mal abgesehen davon, dass er ständig über der Mauer hing und sein eigenes Leben zusätzlich gefährdet war.

Harpo scheint wie ausgewechselt, er scheint die Ruhe ebenso zu genießen, wie wir. In dem Moment, wo Groucho mit dem Auto abfuhr, hat er für einen Moment geschnieft, dann war es gut. Mit Kater Kaja scheint er sich auch arrangiert zu haben. Er hat auch keine andere Wahl, da der Kater ziemlich giftig sein kann und wir den Kater auch schon ermahnen mussten. Selbst am Freitagabend, unserem Film-Abend, saßen beide einvernehmlich, Rechts und Links von mir, auf dem Sofa.

Auch Roy und Archimedes, scheinen mit ihrem neuen Gehege zufrieden zu sein. Sie buddeln und sonnen sich, genießen das Freigehege. Nachts kommen sie in den geschlossenen Stall, den sie auch tagsüber nach Belieben aufsuchen können. So scheint alles in bester Ordnung. Selbst die Mäuseplage im Hühnerstall hat sich gegeben.

22. April 2012

Eigentlich müsste ich wohl in den Teil III REZEPTE notieren, da es sich hier um Essbares handelt, um Eier! Wir haben uns entschlossen, ab und an, vorerst zweimal pro Woche einen kleinen Verkaufstisch rauszustellen mit einer Spardose, der „Kasse des Vertrauens" - in unserem Fall die dicke Keramik Frau mit dem gestreiften Nachthemd, die den Schlitz für Geld am Allerwertesten hat…vielleicht bräuchten wir eine andere Spardose? Davor steht eine eiserne Gießkanne, und „DANKE" in hellblauen Buchstaben. Ich hatte die Idee vom Magazin „Landlust" bekommen.

- 6 Eier für 2 €
- 10 Eier für 3 €

Also haben wir 10 Eier für 3 € am ersten Tag verkauft. Leider war es dieser Thomas, der freche Nachbarjunge, der unsere kostbaren Eier dafür verwendet hat, mit Alex eine Eierschlacht auf das Kriegsdenkmal vor der Dorfkirche abzufeuern. Wie geschmacklos! Und ich hatte mich schon so gefreut, der erste Eierverkauf…

Oliver und ich haben vereinbart, dass wir diese Einnahmen sparen wollen, für ein besonderes Fest, wie z.B. Jakobs Hochzeit (wird er jemals heiraten?). Seitdem haben wir keine Eier mehr verkauft. Und so habe ich eben Jakob geschickt, der Nachbarin doch bitte eine 6-er Packung zu bringen. Als Dankeschön für meine allererste Lesebrille, die sie mir besorgt hatte. Die nächsten Eier werden wir für Roberts Reise nach England aufsparen. Family and Friends sollen welche bekommen. Die Sicherheitsbehörde vom Berliner Flughafen hat Oliver per E-Mail bestätigt, dass er die Erlaubnis hat, die Eier im Handgepäck zu transportieren. Sicher ist sicher. Wer weiß, ob sich daraus nicht doch eine Bombe basteln ließe?

Buckautal, 14.Mai 2012

Seit zehn Tagen haben wir drei Peking-Enten, Hui, Lui und Dui (wer denkt jetzt an Tick, Trick und Track?). Onkel Hajo und Tante Monika haben sie für uns aus dem Spreewald mitgebracht. Dort haben sie ein paar Tage mit einem ihrer Enkel auf dem Campingplatz verbracht. Hajo sagte, dass sie wohl erst vier Wochen alt sind. Man sieht, dass die Flugfedern noch nicht ausgebildet sind, nur ein Flaum auf Federkielen. Inzwischen haben die drei sich gut akklimatisiert, sind ziemlich gewachsen, trinken, fressen und baden nach Herzenslust. Sogar kommen sie angerannt, wenn ich mit ihnen rede. Wenn man ihnen die ersten Tage Futter brachte, rannten sie vor Panik alles um, was ihnen in der Quere stand, supertollpatschig.

Aber nun sind sie auch mit den Hühnern, und dem Hahn, vertraut und selbst mit Kater Kaja und Hund Harpo. Kaja liegt grad in der Sonne. Der Kater macht uns viel Freude. Wir hatten unverhofft Besuch, wie schön, von der Nachbarin Ute.   Sie kam mit einem wunderbaren Lemon-Mint-Hexenkraut, dass sie uns aus Lutherstadt-Wittenberg mitgebracht hat. Bei einer Tasse Tee, der gute Englische, hat sie uns von dem Malheur mit dem LKW berichtet, der sie zur Seite gedrängt hatte, sodass ihr eigener Autoreifen kaputtging. Auch erzählte sie, dass die dumme Kuh (sorry) von der Denkmalbehörde abermals Baustopp für unsere alte Dorfkirche verhängt hat. Alle Events, die zum Wandertag am 20. Juni 2012 geplant sind, inclusive Einweihung der neuen Orgel, sollen deswegen leider abgesagt werden. Ihr Mann hat einen Blog eingerichtet, den ich unbedingt lesen muss.

22. Mai 2012

Pavarotti, unser Hahn ist endlich fort!!! Samstagabend, also kurz vor der Feier, 75. Geburtstag meiner Frau Mama, ist bei mir das Fass endgültig übergelaufen! Pavarotti hatte ja unzählige Male unsere Besucher, Handwerker, Freunde und Nachbarn, besonders Olaf, weil Cowboyhutträger, attackiert.

Mich, Oliver und Jakob natürlich ebenso, wie auch Hund und Katze. Meine Freundin Josephine, die extra zwei Tage bei uns war, um uns mit dem Abschleifen der Treppe und der Haustür zu helfen, hatte der Hahn erneut angegriffen, vielleicht weil sie rauchte. Quer über den Hof kam er angepest, manchmal attackierte er einen sogar von hinten! Aber als ich dann das Weh-Geschrei unserer jungen Enten hörte, wars bei mir aus. „Kill him!" rief ich zu meinem Mann und letztendlich war ich Diejenige, die mit der Spaltaxt im Hof hinter Pavarotti herrannte. Ich bekam ihn nicht zu fassen. Oliver lehnte aus dem Küchenfenster und versuchte mich zu beschwichtigen, weil doch die Feier bevorstände und wir jetzt keine Zeit zum Hahnschlachten hätten, schüttelte nur den Kopf.

Der Hahn hatte Schweineglück und landete bei dem Vater des Cowboyhutträgers, auf einer Hühnerfarm mit 30 Hennen! Mein Mann meint, er wird nun eines anderen Todes sterben, mit einem Lächeln. Typisch englischer Humor – I love you! Seitdem ist Frieden auf dem Hof eingekehrt, alles und jeder ist froh, sich unbewaffnet fortbewegen zu können. Selbst die Hennen sind äußerst strapaziert gewesen und man sieht rote Stellen durchschimmern, dort wo er draufgesprungen ist. Anscheinend war er nicht ausgelastet.

May 2012

After giving Pavarotti to Olaf´s dad to slaughter on our behalf, we found out that he kept him alive because Olaf´s dad had 30 hens. Subsequently found out that Olaf´s dad had killed him finally, because he was fighting too much with the existing cockerel. Selbst schuld!

We have lost a close family member this weekend. I noticed that Archimedes did not run away when I entered the cage as normal. Tinta took him to the vets on Saturday morning. However, he had a fur ball blocking the exit for his stomach. All his insides were poisoned and there was not much we could do. An operation may or may not have succeeded, so he was put to sleep. We will all miss Archimedes; he was a good pet and I for one hopes he is enjoying himself in bunny heaven. Wherever that is. R.I.P. Archimedes

Heute am 26. Mai 2012 ist unser Löwenkopf-Kaninchen Archimedes eingeschlafen. Wir werden ihn vermissen. Ich habe eine der Kerzen in der Laterne angezündet. Ich war mit ihm bei der Tierärztin. Sie hat ihm eine Spritze gegeben, damit er einschlafen konnte. Als er auf der Seite lag, hörte man noch das Geräusch seiner Zähne. Es waren die Backenzähne. Vorn hatte er nur noch einen Zahn und der war immer zu lang gewachsen. In England hatten die Veterinäre zweimal versucht, den langen Zahn herauszuoperieren, ohne Erfolg. Der Grund, weshalb wir ihn einschläfern lassen mussten, war, dass er ein Fellknäuel in seinem Magen hatte, dass den Eingang zum Darm verschlossen hatte. Der arme kleine Kerl. Der Darm war zum Teil schon schwarz. Die Tierärztin rief mich extra nochmal an, um mich zu beruhigen. Sie sagte, sie hätte nichts machen können. Höchstens in einer Tierklinik mit OP und Tropf und alle zwei Stunden Einlauf etc., das ist Quälerei. Tiere kann man zum Glück vom Leiden befreien, wer weiß, wie lange es noch dauern wird, bis wir Menschen endlich so weit sind. Oliver hatte seinen Zustand als erster bemerkt, gestern Abend. Er lief nicht umher wie sonst, sondern saß apathisch da und ließ sich ganz einfach hochnehmen. Normalerweise wäre er davongehoppelt. Er war so süß, mein Liebling. Roy wird ihn vermissen. Wir werden ihm einen Ausgleich bieten müssen, ein Meerschwein, oder ein weibliches Kaninchen. Wir müssen abwägen, was wir uns aufbürden wollen. Archimedes war ein brauner Löwenkopf Rammler, mit langem, hellem Bauchfell. Das lange Fell war wohl auch zu seinem Verhängnis geworden.

Er sah so niedlich aus, hatte ein so seidenweiches Fell, wie kein anderes Tier. Wenn man ihn mal auf dem Arm hatte, so war er schmusig und ließ sich gern streicheln. Er trank gerne und viel, mehr als er aß. Ruth, die ältere Tochter des Rectors, hatte ihn damals 2009 auf der Wiese des Rectory Cottage gefunden. Wie sehr ich meine Arbeit im Rectory Cottage in Skipton vermisse! Ich denke, ich werde nie wieder einen so wunderbaren Job haben. Nur die Zeit wird zeigen, wo es hingeht.

Eigenes Heu

Unsere anderen Tiere sind alle wohlauf und es ist eine Freude mit ihnen zu leben. Hühner, Enten, Hund und Katz, jeder hat seinen Platz; reimt sich. Mein Mann hat mir gestern versprochen, dass ich ein Pferd haben könnte, wenn ich bis August einen Job fände. Ich will alles versuchen, dass es wahr werden kann. Natürlich braucht es dann einen Kumpel, wodurch wir bei einem Pensionspferd auch monatliche Festeinnahmen hätten. Ich denke wir könnten 150 € mtl. verlangen. Bei 1€ Heu pro Tag, kämen wir auf 120 € mtl. Gewinn.

Apropos Heu, heute haben wir zum ersten Mal selbst Heu eingefahren, es war richtig gut. Frau Menz, unsere ältere Nachbarin kam schon ganz in der Früh und fragte, ob wir helfen würden. Natürlich konnten wir ihr die Bitte nicht abschlagen. Zumal wir das ganze Heu behalten durften und sie selbst einfach nur eine saubere Wiese haben wollte. Oliver und ich haben es gemeinsam mit ihr zu Haufen geharkt. Holzrechen hatten wir uns kürzlich bei einem alteingesessenen Stellmacher im Nachbarort Bücknitz für weniger als 20€ das Stück herstellen lassen. Frau Menz war freundlicherweise mit uns hingefahren, eine Welt, die es sehr wahrscheinlich so, bald nicht mehr geben wird. Dann bin ich zum Tierarzt und als ich wiederkam, haben wir den bereits vollgeladenen Hänger nach Hause geschoben. Oliver schob so schnell, dass unsere weit über Achtzigjährige Nachbarin, auf halber Strecke nicht mehr mitkam. Logisch. Erstaunlich, wie sie das überhaupt alles so schafft, Landleben hält jung. Ich war vorn und lenkte die Deichsel. Wir mussten den kleinen alten Anhänger aus Holz per Hand betätigen, weil die Kupplung leider nicht mit unserer Autoanhängerkupplung kompatibel war.

Jakob und ich begannen, das Heu auf den Heuboden in der Scheune zu verfrachten, was Einiges an Übung brauchte. Vor allem mussten wir die Luke finden und wieder öffnen. Schließlich fanden wir sie im mittleren Entenstall. Auch war es nicht einfach das Heu mit Strippen zu verzurren. Es waren ja nur Reste von Heu und kein langes Heu. Letztendlich reichte es Oliver und wir stopften die Hälfte der Ladung kurzerhand in Plastiksäcke, die wir Jakob anschließend nach oben zuwarfen. Jakob entleerte sie und warf die entleerten Tüten wieder zu uns hinunter. Es war anstrengend, aber es hat auch Spaß gemacht. Und wir haben bereits eigenes Heu! Beim nächsten Mal werden wir daran denken, uns in jedem Fall Wasserflaschen mitzunehmen! Heu, so erfuhr ich später, macht man immer am heißesten Tag des Sommers, so dass das Heu bereits knistert. Also, Wassertrinken ein MUSS!!!

8. Juni 2012

Wir haben seit dem Wochenende neue Kaninchen: „Molly" und ihren Sohn „Roger". Eigentlich hatten wir noch eine weitere Häsin „Joelle", ein Satin-rotes Kaninchen, die sich aber mit Molly nicht vertrug. Zickenkrieg. Gestern ging sie leider zurück zur Züchterin. Obwohl ich starke Ischias Schmerzen hatte, habe ich es irgendwie geschafft sie abzuliefern. Das Haus der Züchterin hat eine wundervolle Natursteinmauer, die sie selbst gebaut haben. Es ist immer ein Erlebnis bei der Züchterin, die vielen verschiedenen Rassen bei ihr zu sehen. Nun ist unser Kaninchenbock „Roy" kastriert worden und es ist schön zu sehen, wie gut er sich mit „Molly" und Sohn „Roger" versteht. Roger werden wir auch kastrieren lassen, sobald er vier Monate alt ist. Am 15. Mai ist er geboren. Molly ist 3 Jahre alt, genau wie Roy. Früher hieß sie „Schwarz-weiß-Aschersleben". Sie sieht putzig aus, eben schwarz-weiß mit langem seidenweichem Fell. Sie ist ein Löwenkopf, so wie Archimedes einer war. Den Vater von Roger durften wir gestern bei der Züchterin bewundern: Er ist ein Satin-Hase, in der Farbe Hellbraunem Caramel, wie Roger.

Die drei neuen Hühner werden von den alten Hühnern gemobbt. So brauchen wir nun doch wieder einen Hahn, der Ruhe in die Damenrunde bringen kann. Hoffentlich wird der nächste nicht so aggressiv wie „Pavarotti" war. Vielleicht nennen wir ihn „Domingo". Heute haben mir die sieben Hennen nur ein einziges Ei gelegt! Sie sind einfach zu aufgebracht. Das wird sich schon einpendeln.

Die Enten Hui, Dui und Lui sind guter Dinge, allerdings auch auf der Hut vor den Bossi-Hennen. Sie werden von denen weggejagt, sobald Futter im Spiel ist. Die Hennen essen am liebsten Haferflocken, Banane und Weintrauben. Die Enten Äpfel, Körner und Weizen.

30th July 2012

Tinta was looking out of the kitchen window when she saw an unusual sight. Surprise: We appeared to have more rabbits than we thought we had. Indeed, we had! Molly and Roy and three offspring turned out all to be boys. They are so cute. The babies had been born in a tunnel. The other rabbits had dug under their compound. So, they were already three or four weeks old when we first saw them. They have no names yet, so Jakob can name them when he gets back from his holiday in the Allgäu. We have kept this as a surprise for him. One is a black and white lionhead like Molly, the other two look like their dad Roy, white with beige-brown freckles and sloppy ears. Their ears have not decided yet, if they want to stay upright or fall down like the loop of Roy (Widder).

Roger sieht inzwischen aus wie ein echter Lion Head. Ein kleiner Löwe! Eine richtig lange, seidenweiche Löwenmähne hat er und macht seinem Namen alle Ehre. Letzten Mittwoch wurde er kastriert und hat alles gut überstanden.

We had a fawn, a Bambi, stuck in the fence on Saturday morning, 4th August 2012. It was the first time I have seen a wild deer so close. Called for Tinta to help free it. However, it got itself free and went back to its mum. Hope we did not hurt it with the fence, though it looked as though the fence had been damaged by other deer.

22.8.2012

Wir kriegen nächste Woche unsere ersten Schafe, drei weibliche, ein Mix aus Schwarzkopf und Suffolk. Sie stammen vom Schäfer aus Köpernitz und kosten jeweils 80 €. Am Wochenende wollen wir noch zwei Ziegen kaufen, die an einen langen Strick oder Kette kommen sollen. Wir haben einfach zu viele Brennnesseln. Schauen wir mal, ob die denen schmecken.

21.9.2012

Die Schafe haben sich gut eingelebt: Ein schwarzes (wie typisch für uns), ein Coburger-Mix und ein Schwarzkopf-Suffolk-Mix. Auch unseren selbstgezimmerten Schafstall, beziehungsweise Unterstand, scheinen sie zu mögen. Ich finde, dass er großartig aussieht. Wir haben das alte Holz vom Schuppen recycelt. Sogar die alten Türen mit ihren original geschmiedeten Eisenscharnieren konnten Verwendung finden. Obwohl Oliver lieber nur neue Bretter verwendet hätte, ist er wohl doch erstaunt, wie gut manch alte Teile aussehen können. Upcycling geht auch hier!

Nun haben wir ein Problem mit den Kaninchen: Molly hat alles untergraben, Tunnel über Tunnel. Tagelang haben wir nach allen 6 Kaninchen gesucht und haben zum Glück alle gefunden. Molly und Roy sind nun separat, sowie die 4 Söhne von Molly sind gemeinsam in einer Abteilung. Wir müssen uns etwas einfallen lassen. Der Stall ist zu klein. Sie brauchen einen Auslauf, der untermauert ist. Auch sollten wir einen Auslauf für die Hühner und Enten bauen, sie scheißen uns alles voll.

Zeit und Kraft fehlen, da wir zurzeit mit großen Bauarbeiten im Haus beschäftigt sind. Die EU-Förderung ist durch und nun muss entschieden werden; mit dem lokalen Dachdecker haben wir mehrere Treffen gehabt, auch heute. Nächste Woche geht's weiter, mit dem Statiker und dem Sachbearbeiter der EU-Fördergelder. Die Dämmung müssen wir eventuell wohl doch selbst umsetzen. Schafwolle ist zu teuer zum Dämmen, aber Steinwolle mögen wir nicht wirklich. Beta-Renate ist zum Glück hier und hilft uns, indem sie uns tägliche Handgriffe wie das Mittagessen, abnimmt.

Alles ist eingestaubt. Die Wände sind aufgehauen, weil wir neue Elektrik bekommen. Manchmal ist es schwer an ein sorgenloses Leben zu glauben. Vielleicht wäre es auch langweilig. Kaja und Harpo geht es gut und auch der kleine wilde Tiger, der uns oft besucht und in der Scheune zu leben scheint, sieht prima aus. Jetzt wo es winterlicher wird, wächst das Fell dichter und wird zu einem lebensnotwendigen Pelz. Wir hoffen auf einen gnädigen Winter, der hoffentlich nicht zu lange dauert. Übrigens legt Frau Ente Eier, sie schmecken gut. Helmut meint, dass Enteneier mit Vorsicht zu genießen seien. Warum auch immer. Er wird uns am Montag beim Bau des Brunnens helfen. Uli, Herr Meyer und Olafs Nachbar sind auch dabei. Helmuts Schwiegersohn kennt sich mit Wasseradern aus, er hat so eine Wünschelrute dafür. Endlich eigenes Wasser, ich bin gespannt!

Eigenes Wasser. Wenn ich an den Brunnenbau denke, so erinnere ich mich, dass es ein echtes Abenteuer war. Oliver konnte nicht anwesend sein, da er seinen Deutschkurs in Berlin nicht verpassen sollte. Er wohnte bei meinen Eltern in Berlin und kam nur am Wochenende zurück auf den Hof.

Die 5 Helfer hatten wirklich ihre liebe Mühe, die Bohrung für unseren ersten eigenen Brunnen durchzuführen. Erst einmal war es herausfordernd, weil jeder von sich behauptete, zu wissen, wie es funktioniert. Der alte Herr Meyer hätte eigentlich ganz allein das Sagen haben müssen, denn er war schließlich von Beruf Brunnenbauer. Nach einem halben Tag der ersten Versuche, Diskussionen und einem halb geleerten Kasten Bier, Marke

Sterntaler, ging es nach der Mittagspause weiter. Ich besorgte einen großen Schirm, denn es begann immer mal wieder zu regnen. Ein Gewitter drohte mit erstem Donnergrollen, dass die Besserwisser etwas einschüchtern konnte. Ein kleiner Wink der Natur, nicht gegen sie handeln zu wollen, sondern immer schön im Fluss zu bleiben. Die Wasserader wollte gefragt werden, ob wir sie denn anzapfen dürfen. Die ersten Freiwilligen verabschiedeten sich. „Das wird mir dann doch zu gefährlich hier bei dem Wetter" meinte der Biologe, der das ganze Projekt wohl doch lieber anders umgesetzt hätte. Aber der harte Kern des Dorfes blieb. Das wäre doch wohl gelacht. So ein Brunnen, das haben wir doch nicht das erste Mal hinbekommen. Aber man weiß nie. Bei manchen geht's einfach nicht. Die bohren tiefer und tiefer, und obwohl der Nachbar in nur 3 Meter Tiefe Wasser hat, läuft's beim andern selbst in 20 Metern Tiefe noch nicht. Wir müssen abwarten. Ein bisschen ist die Stimmung wie bei Winnetou. Nach weiteren ernsthaften Bemühungen, Kaffee wurde dem Sterntaler vorläufig vorgezogen, Stoßgebete und Flüche wechselten regelmäßig, floss endlich das ersehnte Wasser! Rechtzeitig, bevor der Hausherr zum Hof zurückkehrte. Oliver hatte keinen Schimmer, was für eine Aktion es gewesen war und nahm den letztendlichen Erfolg als Selbstverständlichkeit. Zum Glück hatten wir keinen offenen Brunnen, also auch keine Gefahr für Kinder oder Tiere, eventuell durch ein Missgeschick hineinzufallen. Über den Anschluss in der Erde kam ein gestülpter Eimer. Das wars. Thema Brunnen erledigt.

Eigentlich ist das Bauen eines Brunnens nicht ganz legal. Jeder hat einen, aber keiner zeigt ihn offen. Denn dadurch geht dem Land viel Geld verloren. Wasser für den Garten wird zwar anders berechnet, aber Wasser aus der Erde ist immer noch preiswerter, und es schmeckt so gut. Kostet es doch lediglich den Strom für die Pumpe, die man für den Druck benötigt. Aber das ist ein anderes Thema.

Die ersten Lämmer. Heute am 3. Januar 2013 haben wir unseren ersten Schafsnachwuchs! Ein schwarzes Coburger Lamm. Anscheinend verlief die Geburt reibungslos. Es läuft neben der Mutter. Nun müssen wir beobachten, dass es trinkt. Die erste Muttermilch ist entscheidend für die weitere Gesundheit des Tieres. Also genau wie bei uns Menschen. Wir können froh sein, dass das Wetter so mild ist, 9-11 °C, nachts kein Frost.

Die Nachbarin von schräg gegenüber, die auch bei der Agrargenossenschaft arbeitet, hat geholfen, die Milch abzupumpen, da wir nicht wissen, ob es genug trinkt. Aber anscheinend ist so weit alles okay. Heute, zwei Tage nach der Geburt, ist es bereits fit und stabil.

Außerdem sind heute am 5. Januar 2013 zwei weitere Lämmer geboren, diesmal vom Schwarzkopf-Suffolk. Eines braucht etwas Hilfe, das Schwächere der beiden Zwillinge. Die Schafsmutter ist sehr fürsorglich.

Wir sind ganz aus dem Häuschen, haben in Windeseile einen weiteren Stall freigeräumt. Alles geht, wenn man will.

Eventuell bekommen wir bald ein erstes Gnadenbrot-Pferd, aus Berlin-Marienfelde vom Bauern Lehmann. Tenora ist eine 20-jährige Traberstute, allerdings fast blind.

Rückblende bzgl. der Enten: Der Fuchs kam und verletzte einen Erpel schwer, einen leicht, die Entendame nicht. Der Schäfer hat alle drei für uns geschlachtet. Die schwerverletzte wurde Hundefutter, die weniger verletzte brachten wir Onkel und Tante, die sie uns mal geschenkt hatten und wir ließen uns den Entendamenbraten am 25. Dezember schmecken. Sehr lecker! Auch in diesem Jahr wollen wir wieder Enten haben, diesmal einen Mix aus Peking- und Flugente; wohl weniger Fett. Tipp: Den Braten am Vortag abkochen. Aus dem Sud lässt sich eine gute Sauce zaubern, das Fleisch braucht dann nur noch knusprig werden, ca. eine Stunde, statt 3 bis 4. Das war unsere erste kulinarische Erfahrung als Selbstversorgerhof.

13. Januar 2013

Den Lämmern geht es prächtig Olaf kam mit Klein-Andy, der schon fast Laufen kann. Fast zeitgleich kam auch Ulis Familie, um die süßen Lämmer zu bewundern. Sie sind zum Anbeißen die Lämmer. Man sollte ihnen auf keinen Fall Namen geben.

Die Hühner legen zurzeit viele Eier. Eventuell liegt es am neuen Korn, ein Mix aus Mais und Hafer. Auch die Schafe lieben es.

Freitag, 18. Januar 2013

Fast nicht zu glauben, aber wahr – ich habe seit 8 Stunden ein Pferd! Nun ist es kurz nach Mitternacht und ich kann vor Aufregung nicht schlafen. Wie ich zu ihm kam, ist eine längere Geschichte, die ich ein anderes Mal erzählen werde. Jedenfalls ist er ganz lieb. Wir wollen ihn „Joey" nennen, obwohl er mit eigentlichem Namen „Gusev" heißt, nach einer russischen Stadt. Gusev klingt fast wie Joseph, daher Joey. In Rom ist er geboren, ein italienisches Trabrennpferd, das ich zu einem Schlachtpreis von 400 € in Schünow bei Zossen gekauft, gesehen, eigenhändig aufgeladen (ging sofort rauf) und hergefahren habe. Aufregend!!!Nun habe ich mir einen Ingwertee gekocht und eine Tasse warmer Haferflocken mit Honig. Mein Magen war so nervös und leicht unterkühlt… jetzt fühle ich mich schon besser. Mein lieber Mann ist ein Schatz, daß er mir diesen Herzenswunsch erfüllt hat! Ich kann´s selbst noch gar nicht glauben. Den Hinweg hatte ich über die Dörfer genommen, B246, zurück ganz normal über den Berliner Ring. Bei Ludwigsfelde und dann auf die A2 Abfahrt Ziesar. Die Straßen waren frei, kein Stau, aber doch einige LKWs unterwegs. Mit Pferdeanhänger fahre ich nur 90 km/h und bin ganz angespannt. Auch wurde es so schnell dunkel, um 17.20 Uhr waren wir da. Das Auto mit Anhänger steht noch genauso draußen, vor Frau Walzog´s Haus. Sicher wird sie durch die Gardienen gelukt haben, wie Joey rückwärts aus dem Hänger ging, ganz brav. Nur seine Nüstern blähte er in der Abendluft, Schnee liegt auf dem Kopfsteinpflaster, keine Autos zu hören. So schaute er neugierig in unsere Straße, als wolle er sagen, das ist also meine neue Heimat. Er schnaubte vor Aufregung und ging ganz brav neben mir durch unsere Hofeinfahrt, die ich mit der Taschenlampe vor uns ausleuchtete. Dann in den Stall., 12 m² groß, frisches Heu, ein paar große frische Möhren, etwas Pellets, ein Wassereimer und viel Stroh, in dem wohl noch die Zwillingslämmer zu riechen waren. Es steht noch ein Schrank dort, den wir bald mit Hilfe ausräumen werden. Als Bauernschrank, bemalt, soll er werden, von mir; wenn ich mal wieder Zeit habe. Eine Stunde nach unserer Ankunft habe ich nach Joey gesehen, alles ok. Er hat ganz erleichtert geschnaubt und geschmust. Bin froh und glücklich, fast ein wenig überwältigt! Ich will wieder ins Bett. Das Neujahrswiehern am Morgen bei unseren Freunden in Minden, es war so stark, niemandem hatte ich davon erzählt, dass es mein neues Jahr einläuten sollte. Jakob fragte mich beim Zubettgehen, ob ich ihm das Kutschefahren beibringe, ja klar, aber erstmal muss ich es selbst lernen.

Prioritäten sind unser Haus, unsere Familie. Jakob hat noch immer nicht sein ersehntes Kinderzimmer. Das müssen wir nun endlich umsetzen!

Die Kälte war für uns alle immer eine Herausforderung

6. Februar 2013

Habe gerade Joey schnauben gehört. Anscheinend schläft er auch nicht, oder eine Katze beim nächtlichen Mäusejagen hat ihn vielleicht geweckt. Oliver hat sich gestern so gut um ihn und all die Tiere gekümmert. Es war wohl ein Schneesturm mit einem Gewitter, also richtiges Unwetter. Bevor es losging, wollte Oliver Joey reinholen, hatte aber auf der Koppel niemanden sehen können, auch keine Schafe. Und so hat er gerufen und gepfiffen und siehe da, steckten Alemann zusammen, Joey und die 4 Schafe mit ihren 3 Lämmern, alle im Unterstand. Als Oliver das Tor aufgemacht hatte, liefen alle raus, amen in den Stall zu Joey und klauten ihm sein Futter (Pellets). Aber Oliver hat alles in den Griff bekommen. Kater und Hund sind bei mir, muss wieder ins Bett.

Joey ist so lieb. Er ist kastanienbraun mit langer schwarzer Mähne und Schweif, einer kleinen weißen Flocke auf der Stirn, und auf der rechten hinteren Fessel ist er auch ein wenig weiß. Joey ist so wunderbar! Ich habe ihm vorhin den Sattel ausprobiert und bin froh, dass er passt. Muss nur noch gesäubert werden und sobald der Schnee und Frost weg ist, werde ich ihn ausprobieren. Auch das Kutsche Fahren werden wir lernen. Sicher werden wir eine unvergessliche Zeit mit Joey haben. Mein Herz ist glücklich! Danke.

10. Februar 2013

Unser Hahn kräht bereits, um 4:30 am. Ich würde zu gerne noch schlafen, zu viel geht mir durch den Kopf, läßt mich nicht zur Ruhe kommen. Die Geldsorgen sind massiv. Katerchen schnurrt auf meinem Schoß, die Kerze flackert, trinke einen schönen heißen Caro-Kakao mit Honig und habe mir trotz Diät einen Bonbon (Werthers Echten) genehmigt…ach, was in meinem Leben alles so wichtig erscheint. Was ist wirklich wesentlich? Ich bin dankbar und demütig für so Vieles. Unsere Familie, der Zusammenhalt, dass mein Sohn so ein wunderbarer Mensch ist, so schlau, klug, charmant, gesund, mit Gerechtigkeitssinn, wunderbaren Humor, einem Händchen für

Geldangelegenheiten, er kann mit Tieren so gut umgehen wie ein `Flüsterer´...diese Liste könnte ich noch viel länger ausführen. Er ist wunderbar! Ich wünsche uns, immer genug Zeit füreinander zu haben. Das ist der eigentliche Luxus im Leben.

13. Februar 2013

Das Heu vom Dachboden geht langsam zur Neige. Es hat gute Qualität. Auch ist es ein besonderer Moment für mich, dort oben in der Scheune zu sein. Kindheitserinnerungen werden wach, ich erinnere mich, wie wir früher mal auf dem Bauernhof bei Nürnberg Urlaub gemacht haben. Ich hatte dort eine wunderbare Zeit und sprach nach einer Woche bayrisch. Nun, wir werden wohl über Herrn Wegner neues Heu und Stroh bestellen müssen. Gestern ist wieder eins unserer Hühner gerissen worden. Oliver vermutet diesmal, dass es ein Raubvogel war. Er hat beobachtet, wie vier Krähen in unseren Ahornbäumen saßen, und anscheinend versuchten einen Adler zu vertreiben. Die restlichen Hühner und der Hahn haben sich im Stall bzw. hinter den Heuballen versteckt. Heute kamen sie nur kurz zum Frühstück raus und sind sonst in ihrem Stall geblieben. Auch haben sie nicht wie sonst Eier gelegt. Wir müssen ihnen wohl doch ein Gehege bauen. Wir haben der Tierseuchenkasse alle unsere Tiere gemeldet, sodass wir offiziell als Bauernhof mit Tierhaltung registriert sind. Zurzeit füttern wir den Hühnern Zentrakorn von Raiffeisen, ein Mix aus Mais, Weizen und anderem Korn. Sie lieben es. Die Schafe bekommen auch etwas, nicht zu viel.

1. Mai 2013

Vor 4 Tagen hatten wir ein weiteres Lämmchen, wie süß und klein sie doch immer sind. Die Mama ist die Dunkelbraune. Sie kümmert sich gut um das Kleine. Ich brauchte nur einmal die Flasche geben, danach hat es alles selbst begriffen. Heute haben wir die beiden zur Herde gelassen. Hoffen wir, dass die Wölfe einen Bogen um unseren Hof machen. Die Nachbarin sagte mir gestern beim Maibaumfest, dass sie am Nachmittag um 14.30 Uhr einen einzelnen Wolf auf der Straße Richtung Steinberg sah.

Dienstag, 14. Mai 2013

Es ist noch Nacht, ca. 4.30 am. Das Mutterschaf blökt nach seinen beiden 5-Monate alten Lammböckchen, die wir gestern Abend zum Schlachten gefahren haben. Der Schäfer aus Köpernitz hat das „übernommen", Töten per Bolzenschuss und Abziehen. Wir mussten die Lämmer mit gefesselten Beinen in unserem Auto transportieren. Die Felle haben wir mitgenommen, und werden erstmalig das Gerben lernen. Dazu habe ich die noch blutigen Felle mit dem Wasserschlauch abgespritzt. Dann wird mit scharfen Messern oder Rasierklingen das Fett von der Haut gekratzt. Alles in Handarbeit. Anschließend werden die Feller in Eimer gestopft. Auf diese in die Eimer gestopften Lammfelle, dürfen die Männer in unserem Haushalt mehrere Wochen pinkeln. Das bedeutet, dass man mit Urin die Felle haltbar macht. So haben es uns die Alten aus dem Dorf erklärt. Ich hoffe mal nicht, dass sie uns nur aufziehen wollten. (Anm.: Jedenfalls hat es funktioniert und wir haben noch immer, nach vielen Jahren das größte Lammfell als Schlafplatz für unseren Hund, der es liebt). Das Ganze war eine Sauarbeit, und das meine ich genau so.

Seit Oliver aufs Klo ging, kann ich nicht mehr schlafen. Zuviel geht mir durch den Kopf. Das Haus muss, lt. EU-Förderrichtlinie, außen bis Ende September saniert sein, inklusive Fassade, Stalltüren und Luken. Hoffen wir, dass alles gutgeht. Die Innenräume sehen noch immer so aus, wie wir ankamen. Von der gesamten Kernsanierung ist nicht viel zu merken. Ein schönes zu Hause braucht jeder Mensch, man muss sich wohlfühlen. Die Ausritte mit Joey kompensieren meine Sorgen; hinterher bin ich entspannt und glücklich. Joey ist ein wunderbares Pferd, unglaublich lieb, gehorsam und nie schreckhaft. Sein Fell glänzt kastanienbraun in der Sonne. Er ist mir manchmal noch zu schnell, er war ja als Traber ein echtes

Rennpferd. Traber sind Vollblüter, die über einen Extra-Turbo-Gang verfügen. Man muss höllisch aufpassen. Ich will uns regelmäßige Ausritte gönnen. Er muss jetzt lernen, dass er keine Rennen mehr gewinnen muss. Es geht jetzt nur noch um das Entspannen in der Natur. Bin nur froh, dass ich seit Kindertagen reiten gelernt habe, so richtig das ganze Programm mit Ponyhof, Reiterferien mit Pflegepferd, über Jahre im Reiterverein und auch noch selbst als Reitlehrerin für Ausritte auf Lanzarote, sonst hätte ich mir die Herausforderung mit einem Traber nicht zugetraut. Früher oder später macht sich das Vollblut bemerkbar und dann kommt es auf einen erfahrenen Reiter an, damit es nicht böse ausgeht.

Den letzten Ausflug mit der ganzen Familie habe ich so sehr genossen. Wir, d.h. Jakob und Oliver mit ihren Fahrrädern, Harpo zum Teil an der Leine, ich auf Joey, bis nach Köpernitz. Richtung Steinberg und über die Pramsdorfer Straße nach Hause. Es war einfach nur großartig!

Der Schafsbock „Fonsi" ist nun bei unseren lieben Nachbarn, Dani und Sandra. Er darf nicht ständig alle Mutterschafe begatten, das ist nicht gesund für die Tiere. Einmal zu Ostern sollten Lämmer kommen, das reicht. Der Nachwuchs macht sich übrigens prima! Nach bereits 5 Tagen konnte das braune Mutterlamm mit Nachwuchs zur Herde. Er entwickelt sich prächtig.

Mai 2013

Die Schwalben sind da – meine Lieblinge – sie erinnern mich immer an die Stunde, in der ich im Brautkleid am Schlafzimmerfenster in Gargrave, eine Stunde Zeit hatte, bis es so weit war, dass ich mit meinem Papa im Oldtimer zum Altar gebracht wurde. Beta Renate war auch da, kühlte mir mit Schwedenkräutern meinen Fuß, den ich mir am Morgen beim letzten Vorbereiten in der Kirche vertreten hatte. Die Schwalben flogen dicht am Fenster vorbei und bildeten sich später sogar ein Nest am Schlafzimmerfenster. Jetzt fliegen sie hier im Hohen Fläming, in und aus der Scheune. Ganz selten verirrt sich mal eine im Wohnhaus. Das kann bei einem Dreiseitenhof auch schon mal passieren.

Die alte Lehm-Fachwerkscheune, das unterkellerte Zwei-Familien-Wohnhaus und weitere Stallgebäude, wie das alte Backhaus, gehen nahtlos ineinander über. Das Grundstück selbst ist rund Einhundert Schritte lang und mehr als Dreißig Schritte breit. Das ist gerade genug Platz für eine kleine Pferdekoppel mit Unterstand, in der auch Schafe ihre Freude haben werden. Dahinter liegt verwunschen das Pflaumen- und Schlehenwäldchen. Den Gemüsegarten und die Kräuterspirale wollen wir erschaffen, mit rotierendem System. Eine Terrasse soll in der Mitte des Hofes an an unser Wohnhaus angelehnt werden. Vielleicht wäre es eine gute Idee, sie mit einer Rollstuhlgerechten Rampe zu versehen. Hier werden wir bei schönem Wetter gern gemeinsam essen. Die Pferde schauen uns zu, wenn sie aus ihrem Stall hinausschauen.

Die Schwalben flitzen unermüdlich über dem Kopf der Pferde hindurch ins Innere der Scheune, wo die nächste Schwalbengeneration wartet. Unsere Katzen liegen in der Sonne und lassen sich nur ungern von den Schwalben foppen, die sowieso immer schneller sind. Die große Flügeltür zur Toreinfahrt muss immer durch eine Spezialtechnik gesichert sein. Sie ist so riesig, damit ein landwirtschaftliches Fahrzeug uns jederzeit Heu, Holz oder Kartoffeln anliefern könnte.

Wenn wir mit der Kutsche oder selten genug auch mit dem Pferdeschlitten unterwegs sind, muss es in der Zeit gesichert offenbleiben, bis wir wieder auf dem Hof einfahren.

Der Fluss liegt nur wenige Schritte entfernt. Man überquert einfach nur die alte Dorfstrasse und kann ihn bereits schon hören. Der Fluss nennt sich die *Buckaue* und war früher eine Heilquelle, so wird erzählt. Im Sommer bedeutet er die wunderbarste Art sich auf natürliche Weise abzukühlen. Denn die Temperatur steigt selten über 15 °C.

Den nahen Fluss haben wir im Sommer geliebt

1. September 2013

1:59am am Montagmorgen. Eigentlich müsste ich beten, in das Familientagebuch eintragen, was heute/gestern passiert ist; ich kann es jetzt nicht finden. Die Kirchturmglocke schlägt 2 Uhr. Heute/gestern ist Jakob in den Teich/Sumpf bei Pfarrer Gandow gefallen! Im Frack! Er hatte kurz vorher, anlässlich Pfarrer Gandows Geburtstag, sein allererstes Glas Champagner bekommen und anscheinend auch probiert.

Ich war vor Schreck wie erstarrt, als mein Sohn nass wie ein Pudel zu uns an den Tisch kam: Jakob hatte um Hilfe gerufen, wir hatten ihn nicht gehört, die Musik spielte zu laut (Adriano Celentano und andere Schlager) und wir Erwachsene waren am Plaudern und Essen und haben es nicht mitgekriegt, dass er fast ertrunken war. Mein Gott, wieviel Angst er wohl gehabt haben muss?! Bis zum Hals war er versunken. Jakob hat erzählt, wie es dazu kam: Er hatte uns gefragt, ob er zum Spielen aufs Grundstück gehen könne. „Na klar, mach nur!" Ich hatte in keiner Sekunde befürchtet, dass es lebensgefährlich sein könnte. Jakob hatte am morastigen Tümpel einen umgestürzten Baum entdeckt, auf dem er balancieren wollte. Beim ersten Mal ging es wohl noch gut. Beim zweiten Mal stolperte er über einen der Baumpilze und fiel in den Teich, den er im dunklen Morast nicht vermutet hatte und schon gar nicht so tief. Jakob fand wohl Boden unter den Füßen, hatte aber Angst zu stehen, zumal die Stiefel in hinabzogen. Er schaffte es an den Rand zu kommen, paddeln, strampeln, wo er durch pechschwarze Blätterjauche endlich ans Ufer kam, wo er rausklettern konnte. Lebensgefährlich! Im ersten Schock wusste ich nicht, ob ich hysterisch lachen oder heulen sollte.

Jakob hatte sich für die Feier extra chic angezogen, sonst passierte ja hier im Dorf weiter nicht viel. Er kam im Frack, den ihm Ute geschenkt hatte, der gehörte ihrem Mann ursprünglich, passte aber schon länger nicht mehr hinein. Dazu schwarze Jeans, ein kariertes Hemd, das ich ihm auf seinen Wunsch gebügelt hatte. Den Zylinder mit der schrillen Rennfahrerbrille des Berliner Künstlers, hatte Jakob zum Glück am Tisch gelassen, sonst hätte der ihn wohlmöglich zusätzlich behindert. Nass wie ein Pudel, von oben bis unten übersät mit Entengrütze, kam Jakob aus eigener Kraft zur Partygesellschaft. Er hatte es überlebt!

Oliver ging geistesgegenwärtig sofort mit Jakob nach Hause, um ihm ein heißes Bad zu machen. Zum Glück hatte ich zuvor das heiße Wasser am Beuler angestellt. Ich selbst hatte eine Schock-Starre, Ute rieb mir die Schulter tröstend, beruhigend. Sie hat heilende Hände. Als ich endlich nach Hause kam, es war wohl eine halbe Stunde später, lag auf der Treppe zum Hof ein nasses Bündel: Frack, Hose, Hemd, Socken, T-Shirt, Unterhose, Stiefel, alles triefend nass mit gelb-grüner Entengrütze, Plankton und pechrabenschwarzem, glitschigem Laub übersät. Die Spur führte ins Bad, wo ich alles in die Waschmaschine stopfte, so gut es ging. Sie waren beide oben; es war gut, dass die heiße Badewanne Jakob den ersten Schreck nehmen konnte. Rescue Lutsch-Dragees haben wir alle drei genommen. Gegen den Schock, der uns allen noch lange in den Knochen saß.

Am Abend haben wir es Ma & Pa erzählt. Oma wollte es gleich der Polizei melden. So ein Blödsinn. Klar, muss der Teich gesichert werden. Wäre ein kleineres Kind reingefallen, wäre es sehr böse ausgegangen. Ich wäre mein Lebtag nie mehr froh geworden, wäre Jakob etwas zugestoßen. Daher meine ich, dass ich jetzt wach bin, um zu beten, Jakobs großem Schutzengel zu danken, zu danken in Ewigkeit. Es ist gerade mal zwölf Stunden her.

Um 2 Uhr mittags kamen die Kinder aus der Muna um mit Jakob zu spielen. Er hatte viel zu erzählen. Sie gingen gemeinsam zur feiernden Gesellschaft zurück, um den Zylinder und die Brille abzuholen. „Spinnst du Mama, warum hast du den nicht mit nach Hause gebracht?" durfte ich mir anhören. Aber ich habe mich nur gefreut, dass er das Malheur überlebt hat. Der Frack und alle anderen Sachen hängen nun zum Trocknen unter dem Holunderbusch an der Scheune.

Ich sollte wieder ins Bett gehen. Mir geht es mit meiner Erkältung noch nicht viel besser. Oliver fängt jetzt auch damit an und Jakob soll morgen wieder in die Schule gehen. Drei Tage mussten wir ihn zu Hause lassen. Harpo will gestreichelt werden. Morgen kommen die Maler von Herrn Peters und verschönern die Fassade. Es steckt schon so viel Arbeit in unserem Hof. Hoffen wir, dass es viele Jahre halten wird und auch zukünftigen Generationen Freude bringen wird.

Harpo streckt sich auf den frisch geölten und polierten Dielen; es sieht schön aus. Auch das war viel Arbeit. Die sämtliche untere Etage habe ich bereits geschafft. Morgen muss ich bei Lehndorf in Brandenburg anrufen, dass ich die Poliermaschine noch einen weiteren Tag benötige. Oben sind noch weitere vier Zimmer dran. Zum Glück habe ich einen neuen Winkelschleifer, mit dem ich die Kanten gut abgeschliffen kriege. Es sieht schön aus. Ich denke, ein bis zweimal pro Jahr sollte man das Ölen und Polieren auffrischen. Eventuell immer vor Weihnachten.

11. September 2013, die Nacht davor

Ein denkwürdiges Datum, wenn man an das Jahr 2001 denkt. Ich kann wie so oft nicht schlafen, weiß nicht mal, wieviel Uhr es ist. Schätze 2 oder 3 am Morgen. Es sind nur noch 15 Tage, zwei Wochen, bis Ma & Pa zu uns nach Buckautal ziehen. Wir haben noch so MEGA VIEL Arbeit, Umbau der Bäder und Küchen, Renovierung, Sperrmüll etc., dass wir gar nicht zum Nachdenken kommen. Innehalten wäre doch vielleicht mal gut. Trinke Maggies Ziegenmilch, die mich zum Husten bringt, da sie so kalt aus dem

Kühlschrank kommt. Ich sitze mit einer Decke in der Bibliothek, wo auch Kathis Klavier aus Wales steht, und sehe mein Bild, dass von dem Wand Spot in Szene gesetzt wird. Eines Tages wird es ein Vermögen wert sein, das glaube ich schon. Es ist nur in Blau und Orange gehalten, Acryl. Es war meine Vorlage für den Buchumschlag der Erstausgabe. Natürlich habe ich das selbst gemalt, mit Acryl. In Kisten habe ich noch einige Dutzend Exemplare, die ich im Buchladen in Bad Belzig anbieten möchte.

Ich hätte Lust mir oben ein Schreibzimmer einzurichten, das mit dem Blick zum Hof, wäre wohl geeignet. Herr Friedrich, der Heizungsbauer, will mir einen etwas größeren Heizkörper dort einbauen, damit ich nicht friere. Ich habe ihm nichts vom Schreiben gesagt, aber vom Nähen…da sitzt man ja auch viel. Meine Hand will den Stift nur mit Kribbeln und leichter Taubheit halten, sie quittiert mir damit die gestrige Arbeit im unteren Bad, wo wir die Wände mit dem Presslufthammer/Vorschlaghammer aufstemmen mussten. Es gibt noch so viel zu tun. Aus dem Grund habe ich meinen Englischschülern in Brück und Treuenbrietzen abgesagt. Leider. Es hat mir Spaß gemacht. Dustin in Wollin und Florian in Reppinichen behalte ich bis zum Jahresende und dann bleibe ich nur noch mit meinem Handarbeitsworkshop in der Schule in Ziesar. Gestern waren Judith und Celine dabei. Wir haben an einem Wandbehang fürs schwarze Brett gearbeitet, auf Wunsch der Rektorin. Auch müssen wir in diesen Tagen eine Steuererklärung abgeben, sowie alle Unterlagen bezüglich der Förderung einreichen. Lothar kommt morgen wieder, um die letzten Putzarbeiten an der Giebelseite vorzunehmen, sodass die Maler zum Ende kommen können. Eigentlich ist dieses Buch für Eintragungen bezüglich unserer Tierhaltung gedacht gewesen, und nur weil ich in dem Chaos das richtige Buch nicht finde, schreibe ich hier. Trotzdem will ich noch erwähnen, dass wir die Schafe auf drei Muttertiere reduzieren wollen. Der Bock soll zu Salami werden, die anderen beiden Lämmer werden anlässlich der Willkommensfeier am 20. Oktober beim Schäfer geschlachtet werden. Das Gerben wird wohl wieder eine Sauerei werden. Diesmal ist ein Pechschwarzes dabei, die sogenannte Alarmanlage, weil es richtig laut, fast penetrant, blökt. So, nun muss ich wieder ins Bett. Hoffe, dass wir alle alles gut überstehen. Der Kirchturm schlägt drei Mal …

19. September 2013

…und wieder einmal schlägt die Kirchturmuhr zur dritten Stunde der Nacht. Kann wie so oft nicht schlafen…und wieder einmal finde ich mein anderes Tagebuch nicht, um die Notizen und Fortschritte im Haus festzuhalten. Egal. Ich schreibe es nun hier auf. Seit gestern haben wir auch in der oberen Etage Heizkörper angeschlossen. Herr Friedrich hat gezaubert und Kupferrohre im Haus verschweißt. Ich finde, dass sie richtig schön aussehen. Auch im Speicher haben wir nun zwei Gusseiserne Heizkörper, sodass unser Sohn hoffentlich und endlich, bald in sein Zimmer einziehen kann. Harpo schläft neben mir auf dem Ledersofa; der Schlingel hatte Vorgestern unsere beste ungarische Salami vom Tisch gestohlen! Ich hatte ihn erwischt und seitdem pariert er wieder. Harpo ist zwar ein Hund, ein ganz besonderer, aber mehr noch Familienmitglied. Auch sonst geht es all unseren Tieren gut. Für mein liebes Pferd Joey hätte ich gern mehr Zeit. Auch habe ich noch immer den Traum vom Kutsche fahren. Vielleicht wird es mal klappen. Nun trinke und genieße ich bereits die dritte Tasse Kakao und stippe Zwieback dazu. Wie eine alte Frau. Mit 47 Jahren ist man doch noch nicht so alt. Gestern Abend habe ich am Fenster, sie bei sich am Gartenzaun, mit Käthe Walzog gesprochen. Sie ist erstaunlich für ihr Alter, besonders im Kopf, im Oberstübchen, wie ich sage. Roswitha Wipf hat uns gestern schön geholfen. Erst hat sie im oberen Bad die Wände grundiert und hat dann auch in der Küche und sogar im Korridor, unten, weitergemacht. Dann konnten wir auch noch bei ihr Zuhause duschen. Herr Franz baut mit seinem Schwiegersohn ein Geländer zur Hofseite, das wird eine große Hilfe für Mama sein, und auch später sicher auch mal für mich, uns. Vor mir, im Bücherzimmer, steht das wunderbare Schachspiel aufgebaut und es wird mir weh uns Herz, wenn ich darüber nachdenke, wie wenig Zeit wir momentan dafür, für Jakob haben. Es bleibt nur noch wenig Zeit, um die untere Küche und das Badezimmer fertigzustellen. Besonders der Küchenfußboden macht uns Probleme. Die Balken darunter sind zum Teil stark vom Holzbock befallen, sodass es Sinn macht, sie auszutauschen. Der Bereich an den Wänden, hat einen Betonsockel, der eventuell auch raus muss. Allerdings wird die alte Schwerkraftheizung auch nicht mehr lange machen, beziehungsweise sicher keine Genehmigung der Abgaswerte bekommen. Und so werden wir in ca. 2 Jahren erneut mit der Küche konfrontiert sein. Bin nur froh, dass sie überhaupt noch funktioniert und uns mit Holz und Kohle so gute Dienste erweist. Jakob sagt, er möchte gern immer im Haus wohnen bleiben, was prima ist. Man könnte sogar einen Durchbruch zum Speicher machen, wo man ein weiteres Wohnhaus ausbauen könnte. Aber nun sind wir erstmal hier am Tun, und haben so schon genug zu schaffen. Mein armer Mann schuftet von früh bis spät und uns beiden bleibt aktuell wenig Zeit für Zweisamkeit. Das holen wir nach, wenn wir am 23. Oktober nach England fliegen. Josephine will uns begleiten. Zu Jeans 80. Geburtstag müssen wir uns was einfallen lassen. So ein antikes Telefon wollte sie doch schon immer haben. Heute müssen wir zum Schrottplatz, Metall wegbringen, vielleicht kann uns Herr Friedrich helfen, die schweren Heizkörper aufzuladen.

Es ist der 26. September

…schon der 27., weil bereits nach Mitternacht. Meine Hand bewegt sich fast automatisch, habe keine Kraft mehr, nur noch Schmerzen überall. Wir sind fertig! Der dritte Umzugswagen der Eltern ist heute angekommen. Freddy Bruderherz mit drei Freunden. Sie waren großartig! Morgen um 7am kommt Herr Friedrich, der Installateur, der mit Sandra im Bad alles anschließt. Die Kacheln werden bis dahin wohl fest sein. Muss jetzt schlafen. Fahre morgen Früh nach Marienfelde, um Ma & Pa bei den letzten Handgriffen zu helfen. Morgen fahren wir dann gemeinsam nach Buckautal. Es wird schwer, für uns alle. Trotzdem freuen wir uns auf das Zusammenleben. Jakob kommt morgen von der Klassenreise aus Kienbaum zurück. Habe ihn sooo vermisst!

1.Oktober 2013

Ma & Pa wohnen seit 4 Tagen bei uns im Haus. Es ist zwar noch recht durcheinander, aber wir haben viel zu lachen.

8.Oktober 2013

Es ist Nacht, 4:34am. Trinke einen Kakao aus Ziegenmilch und esse ein Knäckebrot mit Erdnussbutter bei Kerzenschein. Ich habe einen kleinen Schwächeanfall, meine Energie ist zurzeit nicht so verfügbar, wie ich es bräuchte. Selbst den Stift zu halten, fällt mir schwer. Mein Körper gibt mir das Signal, dass ich eine Pause brauche. So ist es. Ich kann jetzt Sibylle gut nachempfinden. Fast jeden Tag will ich sie besuchen, und dann kommt der Alltag dazwischen. Aber ich muss jetzt mehr auf meine innere Stimme hören. Die Kisten und Kartons von Ma & Pa sind fast alle noch nicht ausgepackt. Pa sucht seit Tagen den Koffer mit Mamas Unterwäsche und Socken. Ich habe ihm bereits von Oliver was geliehen. Morgen kommt die Putzfrau aus Ziesar. Eigentlich bräuchten wir Hilfe bei so vielen Dingen. Die Bäder sind noch unvollständig gefliest. Habe an mehreren Tagen selbst weitergemacht, konnte das vorher nicht. Die Not zwingt einen, Dinge zu lernen, von denen man gar nicht wusste, dass man sie kann. Oliver wächst auch über sich hinaus, bohrt sogar Löcher in Fliesen für Halterungen etc. Leider ist die Brause von Ma & Pa defekt, was uns ärgert. Müssen alles bei Hornbach in Magdeburg umtauschen. Auch geht der Fernseher noch nicht, weil ein Zusatzgerät für die Satelitenschüssel benötigt wird. Druckertinte ist alle…wir wollen Einladungen für die Einweihungsfeier am 20. Oktober versenden. Auch müssen wir ein Lamm dafür schlachten lassen und haben bereits mit dem Schäfer telefoniert. Ich gehe jetzt wieder ins Bett, meine Hände kribbeln, kriege fast einen Krampf in der Hand. Alles wird gut. Jakob macht es richtig, er genießt zwischendurch die Filme von Winnetou, um alles gut auszuhalten. Auch dreht er einen eigenen Film mit Elanor und Finor. Er gibt die Regieanweisungen.

9. Dezember 2013

Die Äpfel, die wir hinter Görzke geerntet haben, haben insgesamt sieben Kisten ergeben; teilweise auch für uns genießbar, nicht nur für die Tiere. Nun beginnen wir heute die letzte Apfelkiste. Auch haben wir noch getrocknetes Brot. Vor einem Monat hatten wir von Herrn Wegener 70 kleine Ballen Heu und 60 kleine Ballen Stroh geliefert bekommen. Vom Heu sind noch ca. 20 Ballen da, d.h. wir brauchen tgl. 2 kleine Ballen. Die Ställe sind für den Winter mit Stroh präpariert. Wir hatten letzte Woche einen Orkan mit Windgeschwindigkeiten von ca. 100 km/h, auf Sylt sogar 180 km/h. Zum Glück haben wir das gut überstanden. Im Herbst haben wir zwei Lämmer schlachten lassen. Das 10 Monate alte, letztgeborene Lamm, hatte uns der Fleischer Zimmermann aus Görzke bereits gebacken und punktgenau zu unserem Fest am Sonntag geliefert. Es war ein Gedicht!

Meine Füße liegen warm auf dem Fell, das in unserem Ehebett liegt. Das schwarze Lamm war das Allererste. Wir nannten es Alarmanlage, weil es immer so extrem blökte. Das schwarze Fell ist wunderbar dick und flauschig, das hat wohl die Sorte Coburger so an sich. Alle drei Mutterschafe sind wohl auf und wieder tragend. Wir geben unsere Wetten ab, welches wohl diesmal Zwillinge bekommt. Unsere Ziege Maggie war für drei Wochen auf Bockurlaub in Grebs bei Frau Wolter. Sie ist wirklich hilfsbereit und nett, sammelt alte Kaffeekannen. Sie will mir zeigen, wie man Ziegenkäse macht. Ich bin ihr dankbar und fühle mich verstanden. Auf ihrem Hof zu sein bedeutet für mich auch mal einen Moment der Erholung.

Der Schäfer hatte mir eine Telefonnummer von einem älteren Ehepaar gegeben, die noch die alte Kunst des Spinnens beherrschen. Im November dann habe ich bei Ehepaar Manthei in Grabow gelernt, wie man spinnt. Drei Kilogramm Lammfleisch habe ich gegen ein altes aber gut funktionierendes Spinnrad eingetauscht. Nun brauche ich nur noch Übung und muss mir die Zeit zum Spinnen nehmen. Wolle gibt es genug!

Auch allen anderen Tieren auf dem Hof geht es gut. Letzte Woche haben alle eine Wurmkur bekommen.

Mein Pferd ist ein Traum. Er vertraut mir und ich ihm, also sind wir ein perfektes Team. Gestern sind wir im Wald ausgeritten. Harpo war auch mit. Er bellt immer, bevor es losgeht, vor Aufregung.

Äpfel wurden im Keller gelagert

30. Dezember 2013

Kein Tier macht mir so viel Freude wie unser Pferd. Gusev ist sein echter Name. Für mich heißt er Joey, weil das so wie Joseph – Gusev klingt. Er ist so brav, nie schreckhaft. Aber er ist sehr schnell, rennt eben gern, nicht umsonst war er früher Rennpferd, das liegt ihm wirklich im Blut. Letzten Neujahrstag hat mich beim Morgenspaziergang mit Harpo, Pferdegewieher begleitet, es hörte nicht auf. Das war bei unseren Freunden in Minden. Es sollte ein gutes Omen und Zeichen für dieses Jahr werden, für mich, meine Seele. Danke.

26. Januar 2014, Buckautal

Gestern wurde unser erstes Lamm in diesem Jahr geboren. Ein Coburger Bock, braun-rötlich mit dunklem Kopf. Die Mutter ist eine echte Coburger Dame mit langem, hellem Fell. Wir erwarten noch 2-3 weitere Lämmer in den kommenden Tagen.

Gestern ist auch unser Pferd auf Entdeckungsreise gegangen, der Schafzaun (mit Strom) war an einer Stelle am Boden. Zum Glück haben die Autos angehalten und ich konnte ihn wieder einfangen. Es langweilt ihn, dass wir zurzeit nicht ausreiten können. Einmal wegen Eis, Schnee und Glätte und zweitens aufgrund meiner Fußverletzung vor zwei Wochen. Ich hoffe es geht bald wieder. Es macht so viel Spaß im Schnee zu reiten, besonders wenn die Sonne scheint, wie heute. Blauer Himmel, minus 13 bis -16°C.

Maggie, unsere Ziege, haben wir umgebettet, damit auch die Schafe nachts drinbleiben können. Wir hatten Donnerstag einen Vortag in Jakobs Schule gehört, es ging um das Thema Wölfe. Peter Surth meint, 40% aller in Deutschland lebenden Wölfe leben in Brandenburg; es werden mehr. Schafe und Ziegen stehen auf dem Speiseplan, nicht der Mensch.

4. Februar 2014

Das zweite Lamm ist auch ein Böckchen, ziemlich groß! Seine Beine und Füße sind fast breiter und stabiler als die seiner Schwarzkopf Mama. Es wurde letzten Donnerstag geboren, ist also fast eine Woche alt. Tagsüber lassen wir alle auf die Koppel, besonders wenn die Sonne so schön scheint wie heute. Vor zehn Tagen hatten wir noch Schnee, der Schneemann ist gerade erst geschmolzen, den ich mit Jakob gebaut hatte; und jetzt nur noch Plustemperaturen. Die braune Schafsmama erwartet nun noch ihres und dann wird die Ziege bald dran sein. Hoffen wir, dass die Temperaturen so bleiben und wir nicht noch einen Kälteeinbruch erwarten müssen. Die ersten Frühlingszwiebeln treiben schon aus, es wäre doch schade…

Dem Pferd geht´s auch besser mit seiner Hufballenverletzung, die er sich am Schafszaun zugezogen hatte. Auch bin ich froh, dass die Glätte weggetaut ist und es mir mit meiner Fußverletzung auch wieder besser geht. So können wir sicher bald wieder ausreiten.

Vor einer Woche, am Samstag, den 15. Februar 2014 hat das braune Mutterschaf gesunde Zwillinge zur Welt gebracht. Eins pechschwarz, das andere typisch Schwarzkopffarbe. Beide sind Böcke. Zum Glück sind sie in der Woche kräftiger geworden. Heute konnten wir sie mit der Herde auf die Koppel lassen, da wir ausgezeichnetes Wetter haben. Sonne satt, blauer Himmel (wie in Portugal) und kaum noch Frost in der Nacht. Tagsüber erreichen die Temperaturen 9 bis 11°Celsius. Die Frühjahrsblumen kommen bereits raus, Schneeflöckchen sowieso. Morgen würde ich gern nach dem Frühstück ausreiten. Von 13-16 Uhr findet die Winterwanderung des Heimatvereins statt, an der wir diesmal teilnehmen wollen.

We have also lost our cat, Kaya. He was caught peeing on our new clothes cupboard, Tinta´s picture of old Skipton 1750`from Holy Trinity as well as the guest room. This was the final straw; he had also peed on Opa and Tinta´s wedding dress. Though he had been castrated, he just peed on everything. We cannot have all the house smelling of cat pee. Therefore, Tinta took him away and left him in the woods 800 m from the next village, where is a giant milk stable with cows located. We hope he survives and finds somewhere else to live, or other people to live without problems. It was a difficult thing to do but we could not carry on this manner.

26. Februar 2014

Jetzt nach einer Woche mach ich mir große Vorwürfe wegen Kater Kaya. Es blieb, wie so oft, an mir, es zu tun. Es tat mir so leid, ihn am Eingang des nächsten Dorfes auszusetzen. Ich habe ihm eine fast volle Packung Trockenfutter als Reserve auf einen Haufen gekippt. Er maunzte im Auto. Ich hab so geweint und noch jetzt kommen mir die Tränen. Als ich wegfuhr, lief er kurz vor und neben dem Auto und drehte dann um. Am nächsten Tag bin ich wieder hingefahren, hab geschaut, ob er zu sehen ist.

Am Übernächsten Tag wieder, diesmal gemeinsam mit Oliver. Wir haben ihn gesucht, sind das Waldstück abgelaufen, direkt dort, wo ich ihn rausgelassen hatte, am Kuhstall. Das Trockenfutter war weg. Wer weiß, welches Tier es gefressen hat. Meine Freundin meinte, ich hätte ihn besser dem Tierheim überlassen sollen. Meine Nachbarn meinen, einschläfern wäre besser gewesen. Eine andere meint, ich solle mir keine Vorwürfe machen. Ich wollte ihm eine Überlebenschance geben. Die Tierärzte hätten es sowieso nicht getan. Ich mache mir Sorgen und Vorwürfe. Tiere bringen beides, Freude und Sorgen. Zum Glück überwiegt die Freude. Vielleicht kann ich mir eines Tages verzeihen.

1. April 2014

Kein Aprilscherz! Wir haben ein Ziegenböckchen als Nachwuchs bekommen. Er ist grau-weiß und sieht so süß aus! Maggy hat ihn heute geboren und Jakob hat ihn entdeckt. Welch Freude! Die Tierärztin kam und wollte Maggy abhorchen, um zu sehen, wann es so weit ist…und siehe da, es war ja schon da! Ein weiteres Ziegenlamm wird wohl nicht kommen. Der Bursche ist bereits sehr groß. Maggys Euter ist prall gefüllt mit Milch, sodass wir sicher bald wieder Milch haben und auch mit Ziehgenkäse starten können. Super. Auch Roswitha kam mit ihrer Tochter, die Enkelin war beim Papa zu Hause geblieben. Wir hatten einen Sherry getrunken bzw. auf den Nachwuchs angestoßen. Wie schön! Jakob war ganz aufgeregt. Er meint, was für ein Glückstag! Erst eine 1 in Französisch (Klassenarbeit), dann habe ich ihn von der Schule abgeholt und bin mit ihm zum Friseur in Bad Belzig und dann das Böckchen! Er soll Alfredo heißen.

23. Mai 2014

Heute habe ich 3 Kisten Schaf- und Lammfleisch beim Fleischer in Görzke abgeholt. Es ist unglaublich. Es ist sooo viel! Ca. 50 Salami, mit und ohne Knoblauch, ca. 30 Knacker, ca. 50 Bratwürste, 6 Schinken, Leber, ganz viele Lammbraten etc. Die Würste riechen schon gut. Die Fahrt zum Schlachten war wie immer gewöhnungsbedürftig. Vor allem, wenn man die Tiere selbst einfangen und fesseln muss. Ich werde mich wohl nie daran gewöhnen. Roswitha übernimmt das Räuchern (Schwarzwälder Rezept). Die Gefriertruhe wird wieder bis oben gefüllt sein und für ein ganzes Jahr Fleischvorrat liefern.

Auch haben wir eine neue Ziege. Sie heißt Liesel und stammt von Viola. Leider wurde Liesel gemoppt und hat sogar ein paar Aufbauspritzen vom Tierarzt bekommen müssen. Ich hoffe, dass sie sich bald erholt. Joey geht's gut, er genießt die saftigen Wiesen der Nachbarn. Wir selbst haben ja nicht so viel Land am Haus. Insgesamt sind es wohl knapp 4000 m². Auch soll es bald zwei neue Kätzchen bei uns geben. Sie sind jetzt 3 Wochen alt und stammen aus Wollin, von meinem Englischschüler Dustin. Sie sind getigert mit weiß. Hoffentlich klappt diesmal alles!

3. Juni 2914

Es ist wie immer Nacht, 4:20 am. Seit einer Stunde liege ich wach. Was mache ich, wenn ich aufstehe? Abgesehen vom Aufschreiben alltäglicher Gedanken…ich esse eine Banane, trinke heißen Kakao, staune wie hell es bereits ist, Joghurt wird in Mousselinestoff zum Abtropfen aufgehängt, eine Mausefalle geleert und neu aufgestellt (6 Mäuse in einer Woche), Händewaschen. Auch will ich wieder ins Bett und hoffe wieder schlafen zu können. Eigentlich ist dieses Büchlein nur Eintragungen gewidmet, die mit Tieren zusammenhängen. Vielleicht sei hier erwähnt, dass Harpo, unser schwarzer Labrador-Mix-Rüde mit weißer Brust und schwarzen Tupfen darin, einem aristokratischen, englischen Jagdhund gleich, jede Nacht in dem schönsten aller Sessel schläft. Jetzt ist er hier bei mir, oben in der Küche und tut so, als wolle er mir etwas sagen, leicht gähnend. Oliver und ich waren am Wochenende in Waren an der Müritz. Anlass war unser 5. Hochzeitstag. Es war traumhaft. Wir haben in der Pension „Alte Warener Zeitung" in der Großen Grünen Straße gewohnt, für 160 € incl. Frühstück. Gutes Essen, viel Schlaf, auch Sex, und vor allem die gute

Seeluft! Das müssen wir öfter machen. Jakob war bei Ma & Pa geblieben und hat die Tiere gehütet. Die beiden Ziegen hatte er im Stall gelassen, auch wollte sich Maggy nicht melken lassen. Obwohl ihr Euter prall und geschwollen war. Sie vermisst wohl auch das Böckchen „Alfredo".

Wolters haben uns die Entscheidung leicht gemacht. Sie hatten uns zufällig besucht und als sie unsere Ratlosigkeit bezüglich des Böckchens sahen und bekräftigten, dass er bald anfangen würde, überall nach Bock zu stinken, die Milch und den Käse ebenso ungenießbar mache und dann eventuell die beiden Ziegen (auch die Mutter) schwängern würde, da waren wir schnell überstimmt.

„Hamse mal nen Kartoffelsack, dann merkter nich, dass es woandert hin jeht im Auto, dann is er still und wir schlachten den für sie"!"

„Nein, wir wollen den gar nicht essen. Den können sie doch behalten oder evtl. züchten."

Wir dürfen den Tieren keine Namen geben, wenn sie geschlachtet werden. Nun liegt er bereits in der Gefriertruhe. Es tat mir auch leid das unserem Sohn beizubringen. Alfredo war oft auf seinen Rücken gesprungen, wenn er sich wie ein Hund hinkniete. Das war schon fast ein Zirkuskunststück, taten aber sicherlich auch etwas weh, diese Hufe. Mir fiel es schwerer als Oliver. Auch Jakob hat es gut verkraftet. Das Landleben ist oft hart.

Boxing Day, 26. Dezember 2014

Ein erstes Lamm ist am Heiligabend unverhofft geboren worden; ein Coburger Böckchen. Wir haben beschlossen es für die Zucht zu lassen, also wird es nicht geschlachtet. Es sieht so süß aus, braun-rot-beige mit kleinen Löckchen. Wenn man es am Kopf krault, hält es still und genießt es.

Das dritte Lamm wurde nach ca. 10-11 Monaten geschlachtet (vor zehn Tagen). Es war so groß und schwer, dass wir es kaum ins Auto heben konnten. Vier Stunden habe ich selbst mit dem Portionieren des Fleisches zugebracht. Das mach ich nie wieder! Wenn das jeder einmal in seinem Leben machen würde, gäbe es bestimmt mehr Vegetarier. Die Tiefkühltruhe ist voll, bis oben hin.

Freitag, 26. Dezember 2014, Boxing Day

Der Garten und das Land liegen nun unter einer leichten Decke aus Schnee. Die Sonne scheint und das Tauwasser rinnt von den Dächern. Die Meisen sind dankbar für meine selbstgemachten Meisen-Knödel aus Lammfett und Zentrakorn, die an den Haken der Fensterläden hängen. Der kürzeste Tag des Jahres ist bereits gewesen, und so wandern wir Tag für Tag, Nacht für Nacht der längeren Tageslichtzeit entgegen.

6. Februar 2015

Morgens wird's schon früher hell und auch die Temperaturen sind tagsüber über Null, teilweise bis 9°C. Nachts allerdings ist es kalt und frostig bei - 4°C. Hier und da sind Winterlinge und Schneeglöckchen zu sehen. Meine Schwägerin hat in Berlin-Dahlem bereits Krokusse, die sie erfreuen. Bleiben wir geduldig, wohl wissend, dass es keinen Sinn macht, wenn Knospen bereits sprießen und dann durch Eisheilige oder anderen Frost und Schafskälte zunichte gemacht werden. Leider haben wir nicht genug Land für unsere Tiere. Die Koppel ist nur noch Matsch und Modder. Wenn wir es nicht schaffen Land zu pachten, werden wir uns von fast allen Tieren trennen müssen. Sonst ist es Tierquälerei. Besonders die Schafe und das Pferd brauchen frisches Gras.

Buckautal, 19. Februar 2015

Ich nutze jetzt die frühe Morgenstunde, um meinen Gedanken etwas Luft zu machen, da ich wie so oft daliege und nicht mehr schlafen kann. Zu viele Dinge schwirren wie Motten in meinem Kopf. Wie alles ist und doch eigentlich werden soll. Wir alle sind überfordert. Es ist so viel, was es zu tun gibt, zu viele lose Enden, zu wenig Geld. Das Projekt Selbstversorgerhof ist eigentlich eine Nummer zu groß für uns. Oliver ist größtenteils allein auf sich gestellt. Es kommen keine Freunde aus England, die ihm (uns) helfen würden. Außer Schwager und Schwägerin, die lieben. Sie wollen im Mai kommen und beim Renovieren der Küche helfen. Dazu müssten aber erstmal neue Balken eingezogen werden. Und Dachfenster für mehr Licht. Dann kann der Boden eingezogen werden, die geplante Galerie, eine Treppe, Steckdosen, das Ankleidezimmer ebenso beenden und dann erst beginnt die Küche. Neuen Putz brauchen die Wände, Möbel müssen gebaut werden, mit Arbeitsblock und Sitzgruppe. Aber ich will mich nicht beschweren, denn jeder hat eben sein eigenes Leben und seine Verpflichtungen. Die Freunde und Familie, die uns ja doch sehr helfen sind so oft es nur geht da, um uns zu helfen. Also will ich nicht undankbar werden. Es ist nur manchmal so ein Gefühl. Das einem alles zu viel wird. Die Überforderung ist doch häufig da und zu wenig Zeit für sich selbst. So ist das Landleben. Ich denke, viele die uns beneiden, haben keine Ahnung, was es bedeutet einen Hof mit Tieren, Garten und etwas Landwirtschaft zu betreiben. Die rosarote Brille darf man gerne absetzen. Und man muss sich fragen, wieviel Kraft einem tatsächlich bleibt.

Man kann so viel machen, aber das Geld…wir sitzen wie auf Kohlen, warten auf grünes Licht von der Bank. Der Antrag ist bereits unterzeichnet. Ich bin so vorsichtig geworden, was Geld betrifft. Auch habe ich den Traum von Kutschfahrten, den ich mir zum Teil am vergangenen Wochenende verwirklicht habe. Bei Fred Perle war ich. Es war traumhaft schön. Bando, ein schwarz-weiß gescheckter Tinkerhengst mit langer geflochtener Mähne und buschigem Schweif hat mich gezogen, und ich allein habe gelenkt! Im Wald, auf der Straße und auf dem Platz – es war unvergesslich schön! Danke für diese erste Erfahrung, quasi ein Test für mich, ob ich das wirklich lernen will. Nun beginnt der Fahrkurs im März, der Vierhundert Euro kostet zzgl. Achtzig Euro Prüfungsgebühren. Dann kommen Sechshundert Euro für das Vierwöchige Einfahren von Joey dazu und die Kutsche muss auch noch repariert werden (ein Reifen; und die

Deichsel ist für Zweispänner). Alles in allem nicht so einfach zu realisieren, wenn das Geld nicht dafür da ist. Aber so ist das im Leben. Das Geld wird nie für etwas da sein, wenn du nicht entscheidest, was dir wichtig ist.

Nun ist 6 Uhr durch und ich muss die Familie wecken, Frühstück machen. Jakob schreibt heute einen Mathe-Test. Bin ich froh, dass meine Schulzeit vorbei ist! Aber das Leben als Erwachsener ist auch nicht immer einfach. Die Arbeit in dem Biolandbetrieb in Schmerwitz geht mir gut von der Hand. Ich weiß, was ich tun muss, sowohl mit Reservierungen, Besichtigungen, Websitepflege, Katalog-Einträgen, Werbeportalen, Messen und Hofladen. Es ist recht vielseitig und die Zeit vergeht. Meine Kollegin ist netter und meine Chefin oft nicht da. So dümple ich vor mich hin, anstatt einen Strich zu ziehen und endlich das nächste Buch zu schreiben! Es ist fällig!!! Schreib es!

Mai 2015

Heute am Dienstag, den 12. Mai 2015 haben wir all unserer Schafe verkauft. Es waren insgesamt sechs. Die drei Muttertiere, mit denen wir 2012 unsere kleine Zucht begonnen hatten und drei Jungtiere. Ein großer Lammbock war bereits 16 Monate und sehr stark. Er hat mich beim Verladen umgerannt und ich bin mit dem Kopf an die Stallmauer geknallt. Jetzt liege ich mit Eisbeutel und Beule im Bett und hoffe, dass es mir bald besser geht. Wenn die Schafe Panik haben, sehen sie Rot! Dann waren noch „Rudi" (der Heiligabendgeborene) ein Mix aus Coburger-Suffolk und die schwarze „Sutti" vom Januar 2015. Sie alle kommen in gute Hände in Rathenow. 550 € haben sie uns gebracht, 8 geschlachtete Tiere und Schafsfelle. Es war eine gute Erfahrung!

Habe eine leichte Gehirnerschütterung und brauche Bettruhe. Zwölf Anwendungen manuelle Therapie habe ich in der Belziger Reha-Klinik gebraucht, um wieder okay zu sein.

27.Juli 2015

Joey ist für zwei Wochen beim Kutschen-Training in Brück. Der Trainer hat mir zwei Videos geschickt und es sieht ganz prima aus. Ich freu mich schon so sehr darauf! Momentan bin ich mit Sibylle, Jakob und Finrod bei Beta Renate in Eckernförde.

Mir fällt auf, dass ich noch nichts über unsere beiden Katzendamen „Wonky" und „Crumbles" geschrieben habe. Sie sind seit Juni 2014 bei uns. Als sie erst drei Tage alt waren, habe ich sie zum ersten Mal sehen dürfen. Beide passten in eine Hand und waren so klein wie Mäuse. Die Katzenmama meines Englischnachhilfeschülers, eine waschechte Wolliner Hofkatze, hatte nur diese zwei geworfen und so war die Familie froh, dass wir ihnen beide abnehmen wollten. Es ist nun schön zu sehen, wie gut sich Harpo mit ihnen versteht. Als sie noch ganz klein waren, hatten sie ihre Körbchen bei Jakob im Zimmer. Es war so süß. Dann nach einer Woche hatten wir entschieden, dass sie dort nicht bleiben, da sie nicht immer stubenrein waren. Inzwischen sind die beiden fast groß. Wonky ist unsere Killer-Queen, erlegt täglich mindestens drei Mäuse, manchmal auch andere Tiere, wie Vögel und manchmal auch Frösche.

Crumbles ist eher die bequeme Dame, die etwas mehr auf den Rippen hat. Wonky ist oft zu schlank, obwohl sie beide viel fressen. Wenn es so unglaublich heiß war, haben sie sich lang auf dem Esstisch ausgestreckt oder auf den kühlen Dielen. Es war einige Wochen nicht auszuhalten. Der Klimawandel hat bereits begonnen!

Der nahe Fluss bringt uns dann eine willkommene Abkühlung.

Heute am 30. September 2015 ist Crumbles tödlich verunglückt. Wir haben sie tot am Straßenrand gefunden, da wo es zum Buckautaler Hof ging, zu Roswitha Wipf. Auf dem Asphalt eine Blutlache. Blut rann aus dem Maul, ein Auge quoll heraus, ein schrecklicher Anblick. Ich hoffe es war schnell vorbei, hoffe, sie hat nicht gelitten. Wir haben sie im Karton nach Hause gebracht und im Pflaumenwäldchen ein Loch gegraben. Dort wurde sie dann beerdigt. Oliver hat eine kleine Rede gehalten und auch ein wenig geweint. Wir alle werden sie vermissen. Vor allem, wie sie sich beim Schlafen die Augen zuhalten konnte, so als wäre es ihr zu hell. Crumbles, deine Tigerstreifen waren unverwechselbar! Ich konnte dich von einem Stuhl schlafenderweise tragen, einfach so. Wenn ich dich im Schlaf gekrault habe, kam ein Seufzer als Antwort und Ermutigung, doch bitte Weiterzukraulen. Du wirst uns fehlen. Auch Harpo. So wie Crumbles sich herangepirscht und gespielt hat, aus purer Lebensfreude. Sie hat uns oft begrüßt und bei Spaziergängen mit dem Hund begleitet- Du fehlst!

15. Oktober 2015

Ich habe vergessen zu notieren, dass vor rund fünf Wochen weitere zwei Ziegenböckchen geboren wurden. Die Mutterziege Maggy macht das alles super! Bin auch froh, dass es keine Probleme mehr mit dem Säugen gibt. Die Kleinen hatten zu Beginn nicht begriffen, dass es nicht nur eine Zitze am Euter gibt, sondern zwei. So war die eine Hälfte oft noch prallvoll und heiß und ich musste der armen Maggy helfen, etwas Milch loszuwerden. Dann ging es. Eine Bekannte möchte uns noch eine weitere Ziege schenken. Aber ich weiß nicht so recht. Ein zweites Pferd wäre mir lieber.

7. November 2015

Heute haben wir eine neue Ponystute von zwei älteren Leuten aus Cottbus gekauft. Ihr Name ist Kessy und sie hat fast das gleiche aussehen wie Joey, nur in klein. Ihr Fell ist kuschelig weich, Jakob hat sich gleich in sie verliebt. Die Fahrt nach Hause war angenehm, sie hat sich ruhig verhalten. Joey ist gleich ausgeflippt vor Freude, als wie mit dem neuen Pferd ankamen. Sie hat sich gleich gut eingefunden. Kessys Rasse nennt man Welsh Cob. Sie ist Kastanienbraun mit schwarzer Mähne sowie auch Schweif und auf der Stirn eine kleine weiße Flocke.

8. November 2015

Die Sonne scheint bei blauem Himmel und ich sitze bei einer Tasse Yorkshire Tea am Küchenfenster und sehe auf die Koppel. Es ist ein Traum, der in Erfüllung gegangen ist. Als Kind wollte ich immer ein eigenes Pony und habe es nie gekriegt. Es war meine ganze Leidenschaft, schon immer. Kessy ist eine zauberhafte kleine Stute, wie aus dem Bilderbuch! Joey ist ganz Gentleman und begleitet sie auf Schritt und Tritt. Es ist eine Augenweide ihnen zuzusehen, wie sie galoppieren und sich suhlen, wiehern und spielen. Natürlich sieht man von hier oben auch die anderen Tiere unseres Hofes, die Ziegen und die Hühner, sowie unsere Katze Wonky. Es ist für meine Seele eine Art Balsam auf einem eigenen Bauernhof leben zu dürfen. Natürlich macht es auch Arbeit, besonders das Ausmisten von altem, festgetretenem Mist. Jakob und ich haben heute damit begonnen. Aber es ist echte Knochenarbeit, die man sich täglich gut einteilen sollte. Die Freude an den Tieren wiegt alles auf.

Harpo unser Hund ist Roberts Einundalles! Ein Traum von Hund. Er sieht richtig edel aus mit seinem schwarzen glänzenden Fell, der weißen Brust, mit den vielen kleinen schwarzen Punkten darin, wie bei einem Jagdhund. Harpo möchte gern ein Mensch sein, das merkt man. Manchmal ist er auch eifersüchtig, wenn Oliver und ich uns umarmen. Er schläft auf dem Sessel mit der edlen Husse in unserem Schlafzimmer. Morgens, wenn wir aufwachen, springt Harpo mit seinen Vorderpfoten auf unser Himmelbett und schleckt uns die Hände ab. Oliver genießt dieses Ritual, aber es kitzelt. Überhaupt haben wir Rituale, die wir pflegen. Samstagmorgen zum Beispiel, haben wir fast immer Eierkuchen zum Frühstück. Das hatten wir eingeführt, um auszutesten, ob Oliver noch immer allergisch gegen Eier ist. Inzwischen verträgt er Eier prima. Bezüglich der Ziegen haben wir entschieden, alle vier zu verkaufen. Obwohl es sicher schön war, den hausgemachten Mozzarella zu genießen, sowie Quark und Milch, so ist es doch eine Schwierigkeit, wenn wir mal verreisen wollen. Die Pferde können problemlos einige Zeit bei Roswitha auf der riesigen Koppel sein. Auch mit Harpo, Wonky und den Hühnern kann Opa umgehen beziehungsweise sie versorgen. Aber die Ziegen müssen täglich gemolken werden, und das ist nicht alles. Jedenfalls war es eine gute Erfahrung, die ich nicht missen möchte. Der Kollege von Rocco Rösch, unserem Hufschmied und Schafscherer, hat eine Ziegenzucht und wird sie wohl nächste Woche abholen. Drücken wir die Daumen, dass sie auch weiterhin ein gutes Leben haben werden.

15. November 2015

Mit den Ziegen hat es bei Rocco Röschs Kollege nicht geklappt. Daher habe ich sie online bei www.meine-tierwelt.de inseriert und es hat auf Anhieb funktioniert! Eine Familie aus Springe bei Hannover hat sie alle abgeholt. Er war gemeinsam mit seinen beiden Söhnen (9 u. 7 Jahre) am Freitag um 18 Uhr da. Ich hatte ihnen nach der langen Fahrt noch etwas zu Essen angeboten und so merkten wir nicht, wie schnell die Zeit verging. Es war schon dunkel und so haben wir mit Taschenlampen im Hof hantiert. Maggy, Liesel und die beiden Böckchen hatten es sich bereits zur Nachtruhe bequem gemacht, sodass wir sie ohne Probleme an die Leine nehmen konnten. Ich hatte Liesel übernommen. Habe sie gestreichelt, als wir zum Anhänger gingen, ihr Fell war seidenweich. Diese Ziege hatte es Oliver angetan, es viel ihm schwer, sich verabschieden zu müssen. Herr Mischke hatte einen Anhänger umgebaut, mit Lamellentüren und einer Plane oben als Regenschutz; der war auch nötig, weil kurz nachdem der Trupp aufgebrochen war, kam ein Sturm mit starkem Regen auf. Bei Familie Mischke werden die Ziegen es sehr guthaben. Es gibt dort 5 Hektar Land und weitere vierzig Milchschafe, die er züchtet. Er kennt sich aus, macht das bereits viele Jahre. Er suchte einfach eine gute Milchziege, damit seine Kinder im Winter weiterhin Milch trinken können. Seine WhatsApp Nachricht gestern klang sehr begeistert, sie hatten die erste Milch auf dem Frühstückstisch, warm, süß und lecker! Ja, auch wir werden sie vermissen; zwei Jahre hatten wir Maggy; Liesel nur ein Jahr. Sie hatte sich gut bei uns erholt.

Das Kapitel mit den Ziegen ist nun zu einem guten Ende gekommen. Auch ihr Stall sieht mit Heu Raufe recht nobel aus. Durch einen Tausch der

Böcke, wollen sie eventuell auch weitere Nachzucht heranziehen, sodass Liesel auch noch in den Genuss der Mutterschaft kommen wird. Bevor wir sie übernahmen, hatte Liesel angeblich ein Junges verloren, das nicht überlebt hatte. Auch wurde sie dort von anderen Ziegen gemobbt (das gibt es wirklich), sodass es damals unumgänglich war, sie zu retten und sie bei uns aufzunehmen. Ich erinnere mich noch gut an die damalige Heimfahrt: Oliver saß mit Liesel Arm in Arm auf dem Rücksitz.

Nun sind Joey und Kessy unter sich, d.h. ohne Ziegen auf der Koppel. Kessy ist ein richtiges Pony, sie testet gern ihre Grenzen aus. Beim Hufe auskratzen geht's los, wo sie gern mal den Huf wegzieht oder sich mit dem ganzen Gewicht auf Jakob stützt. Wir mussten lachen!

Auch ist Jakob gestern mit ihr zum ersten Mal geritten, beziehungsweise an der Longe getrabt und auch schon galoppiert. Im Galopp konnte er sich nicht halten und ist runtergefallen. Er hat dabei einen ihrer Hufe am Kopf gespürt und so gemerkt, wie wichtig es ist, einen Helm zu tragen. Ich bin so stolz auf meinen Sohn. Nicht nur, dass er es selber wirklich lernen will, sondern dass er noch am Boden gesagt hat: „Und jetzt muss ich erst recht wieder aufsteigen!" So war es auch, und er hatte viel Spaß, hat übers ganze Gesicht gestrahlt. Jakob ist nicht unterzukriegen, auch wenn Kessy mit typischem Ponycharakter einfach mit ihm Dickicht des im kleinen Pflaumenwäldchen verschwindet und Jakob sich nur noch an den Ästen festhalten konnte! Zum Glück sind seine Knie ganz geblieben. Er muss sich bei ihr durchsetzen. Auch ich muss gut auf alles achten und darf ihm an Anfang nicht zu viel zumuten. Ich muss immer dabei beachten, dass sowohl Jakob als auch Kessy pure Anfänger sind. Sie haben keine Erfahrung und es liegt an mir, ihnen die besten Voraussetzungen, Grundlagen für die Basis beizubringen. Das ist auch für mich eine Herausforderung und ich trage die Verantwortung.

Ich selbst bin anschließend, als Kessy von Jakob im Stall versorgt war, mit Joey ausgeritten. Bin die Dorfstraße bis zur alten Ziegelei und dann links bis zur Kurve, wo es dann zurückgeht auf die Straße von und nach Steinberg. Kurz vor der Agrargenossenschaft sind wir rausgekommen. Joey war brav und hat sich superleicht parieren lassen. Wir sind zweidreimal galoppiert, einmal sogar etwas schneller. Inzwischen sind wir ein eingespieltes Team. Wir vertrauen uns gegenseitig und das ist die Grundlage einer guten Beziehung für Reiter und Pferd. Natürlich kann man das auch auf zwischenmenschliche Beziehungen übertragen. Vertrauen ist die Grundlage von fast allem. Auch Vertrauen ins Leben selbst, trotz aller Umstände.

10. Januar 2016

Ziemlich genau zwei Monate haben wir nun Kessy und ich bin am überlegen, ob es die richtige Entscheidung war, sie für uns auszusuchen. Nicht nur, dass Jakob als Teenager unglaublich schnell wächst, inzwischen wiegt er schon mehr als ich und ist bald auch größer als ich. Kessy ist eben ein Pony und hat ihren eigenen Kopf. Jakob vertraut ihr nicht und das ist eben keine optimale Grundlage. Ein Pferd, das immer gut behandelt wurde, ist immer zuverlässig. Ein Pony will seinen eigenen Weg gehen. Wir haben auch gegenüber dem Pony eine Verantwortung. Sie ist noch so jung und jeden Tag bräuchte sie Lektionen, bei denen sie etwas lernen kann. Ich glaube, ich selbst schaff das nicht. Es ist nicht einfach im Leben die richtigen Entscheidungen zu fällen, aber man muss es tun, um Schaden zu verhindern. Ich will Kessy eine Chance geben, dass sie regelmäßig und gut ausgebildet wird. Bei Joey ist das alles bereits geschehen, auf ihn kann ich mich verlassen. Vielleicht bin ich auch zu ängstlich, beziehungsweise Jakob. Ich hatte ihn falsch eingeschätzt, weil er bereits ohne Sattel und Zaumzeug einfach so auf Joeys Rücken aufgesprungen ist und ihn zum Stall geritten war. Darüber habe ich gestaunt und nahm an, dass Jakob völlig unerschrocken ist. Zweimal ist er von Kessy runtergefallen und einmal ist sie mit ihm in die Bäume und Büsche geritten, als sie nur ein Halfter umhatte, keine Trense. Und einmal ist er direkt beim Aufsteigen durch ihr Buckeln gleich auf der anderen Seite wieder hinunter, unangenehmerweise sogar auf den Mund, wo sich seine feste Zahnspange befand. Aua!

Ich muss eine Entscheidung treffen. Wenn Jakob etwas passiert, würde ich mir das nicht verzeihen können! Das Ganze soll doch zum Entspannen sein und nicht in Stress ausarten. Das sollte man immer im Auge behalten. Wem oder was dient es?! Was mache ich nur?

21. Februar 2016

Alles ist gut. Ich habe Kessy gut untergebracht, in der Uckermark auf einem Hof, wo Sandra Fiedler-Korn Pferde züchtet und auch für ihre beiden kleineren Kinder ein nicht so großes Pferd gesucht hatte. Freu mich für Kessy.

15. März 2016

Drei Wochen musste sich Joey gedulden. Nun endlich hat er einen Kumpel und ist nicht mehr allein. Oregon ist ein 17-jähriger Wallach, der aus einer Reitschule aus Ehrenstein/Thüringen stammt. Oregon ist ein „schweres Warmblut" und sieht so aus, wie er heißt: groß und prächtig! Als er vom Hänger kam, meinte Oliver in seinem putzigen englischen Akzent: „Das ist ein Ritter-Pferd!" Ja, so ist es, das trifft den Kern ziemlich genau. Oregon ist von der Farbe her ein typischer Fuchs, mit prächtigem buschigem schwarzem Schweif und schwarzer Mähne, die hier und da ein paar rötliche Strähnen zieren. Eine unverkennbar breite weiße Blesse hat er, und zwei weiße Fesseln. Seine beginnende Verknöcherung des einen Vorderhufs, macht ihm hoffentlich nicht allzu viele Probleme. Aus diesem Grund sollte er eigentlich zum Schlachthof. Nun haben wir schon zwei Pferde, denen wir das Leben gerettet haben.

Noch ein Wort zur Kutsche: Meinen Kutschen-Führerschein absolviere ich am 23. Oktober 2016. Jede Woche fahre ich zum Training nach Boecke bei Wollin, wo Theorie und Praxis von zwei Frauen geschult wird. Wir sind drei Schülerinnen und ich hoffe es zu bestehen. Das Geld dafür hatte ich an meinem Geburtstag geschenkt bekommen und habe es sofort überwiesen!

Anm. Ich habe die Fahrprüfung für die Kutsche bestanden und bin stolz darauf. Ich fahre so oft ich kann, muss aber immer jemanden als Begleitung dabeihaben. Die Ausfahrten mit der Kutsche brachten mir die schönsten Momente und Erinnerungen an die Zeit mit den Pferden in Buckautal. Das war mein Ausgleich, hier konnte ich meine Batterien wieder auftanken. Obwohl man die Kraft und die absolute Konzentration, die man für Kutschfahrten benötigt, nicht unterschätzen sollte...schließlich trägt man immer die volle Verantwortung nicht nur für sich und alle Mitfahrenden, sondern natürlich auch für die Tiere und allen und allem, was einem auf so einer Fahrt auch begegnet. Das war Adrenalin pur! Aber anscheinend habe ich das gebraucht.

Buckautal, 2.Dezember 2018

Wie dankbar ich bin, einfach nur zu spüren, zu empfinden, zu schmecken. Ein einfaches Brot mit Butter und Ziegenkäse. Zu überdenken, wie viele Handgriffe, Sorgfalt, Zeit, ja Liebe investiert wird, von all den vielen Menschen und Tieren, die dazu beigetragen haben, dass ich so eine frische, leckere Scheibe Brot mit Butter und Käse genießen kann/darf- Wie wertvoll und reich erscheint mir mein Leben, wenn ich so innehalte. Das Innere, meine Sinne, festhalte. Es nicht einfach hinfortjagen lasse, wie ein gehetztes Reh. Wer hat den Boden bereitet, den Acker gepflügt? Die Elemente spielten auch eine wesentliche Rolle. Ohne Sonnenlicht, Wind, Regen und die gute Erde, hätte es keine Ernte für das Korn, den Leinsamen, das Mehl gegeben. Das Salz, wer hat es wo abgebaut? In der Sonne für mich geschwitzt, mit Händen abgepackt und nach Güte kontrolliert. Welche Ziege hat diese Milch gegeben, die einen so würzigen und doch cremigen Käse hervorgebracht hat? War sie störrisch oder froh gemolken zu werden? Hatten ihre Jungen noch genug Milch vorher abbekommen?

Wer hat sie gemolken und vorher gefüttert, hat ihr Wasser gegeben? Wer hat den Käse reifen lassen und den Zeitpunkt bestimmt, als er gut war? Wo haben die Kühe der irischen Butter gegrast? Haben sie den Wind des Atlantiks in ihrem Fell gespürt? Sonne und Regen und das grünste Gras der Erde genossen? Wer hat sie zum Melken gerufen, sie gelobt und die Euter behutsam gereinigt? Wer hat in der Milchküche auf Hygiene und Reinheit geachtet, die richtigen Knöpfe zur richtigen Zeit gedrückt? Welcher LKW, welches Schiff, welcher Zug, welches Flugzeug hat die Butter transportiert? Welche Hand hat alles verladen und sicher dort hingebracht, wo ich es schließlich finden konnte? Danke

An zwei aufeinanderfolgenden Tagen im April 2018 musste ich sehr stark sein, weil ich mich schweren Herzens von meinen geliebten Pferden trennte. Mit Ausschlaggebend war der Tod meiner Mutter, die ich bis zum Schluss bei uns zu Hause gepflegt hatte. Sie saß im Rollstuhl und musste täglich zehn Medikamente schlucken. An einem frühen Morgen bekam sie keine Luft mehr. Als ich nach dem Blutdruckmessen unseren Hausarzt anrief und ihm die Werte durchgab, war seine Reaktion: „Das überlebt sie nicht. Sofort ins Krankenhaus, rufen Sie einen Krankenwagen." Man hatte ihr einen Herzschrittmacher eingesetzt, was sie eigentlich gut überstanden hatte. Meine Mutter kam nicht mehr nach Hause zurück. In der Nacht vor ihrer Entlassung war sie im gesegneten Alter von achtzig Jahren friedlich eingeschlafen.

Ich weinte viel. Die Verbindung mit meiner Mutter war nie die beste gewesen. Jetzt wo ich trauerte, dachte ich mir, wenn ich schon mal trauern muss, dann gleich in einem Abwasch gleich auch noch um die Pferde trauern. Besser jetzt als irgendwann noch einmal so einen Schmerz erleben. Zumal ich mir auch vernünftig ins Gewissen redete. Pferde waren mein Hobby, nicht das Hobby meiner Familie. Es war egoistisch von mir zu erwarten, oder gar zu verlangen, dass andere ihre kostbare Freizeit dafür opferten, mich beim Ausritt oder mit der Kutsche zu begleiten. Allein sollte und wollte ich nicht ins Gelände gehen. Und die Zeit des Reitens als Berlin noch eine Mauer hatte und wir nur immer in den Reithallen brav unsere Zirkel drehen konnten, das wollte ich mir beileibe nie wieder antun.

Den Schalter in meinem Kopf konnte ich in dem Moment umlegen, als ich mich selbst fragte, warum ich glaubte, dass es den Pferden woanders nicht besser gehen könnte als bei mir?

Und plötzlich machte es Klick! Mit dem neuen Bewusstsein konnte ich formulieren, welche Art von neuem zu Hause ich für meine Pferde suchen wollte. Wir machten ansprechende Fotos und gar nicht lange darauf ergaben sich gute Lösungen. Wenige Monate bevor meine Mutter verstarb, meldete sich eine junge kräftige Frau bei mir, die meine Annonce bezüglich der Suche einer Reitbeteiligung für Oregon gelesen hatte. Sie hatte nach einem Reitunfall ihr Trauma überwinden wollen und kam wunderbar mit Oregon aus. Sie arbeitete „zufällig" bei einem sehr seriösen Bestattungsunternehmen, und hat mir und meiner Familie mit dem Service ihrer Firma, einen unvergesslichen Abschied von meiner Mutter gestaltet. Und so schenkte ich ihr Oregon. Marie hatte sich schon immer ein eigenes Pferd gewünscht, ihre Tränen der Rührung werde ich nicht vergessen. Inzwischen hat auch Oregon einen kleinen Ponyfreund und genießt seinen Ruhestand.

Als ich Joeys Anhänger bis zur Autobahn begleitete und dieser in der Ferne immer kleiner wurde, ich rechts ranfuhr, Warnblinker an, brach ich völlig zusammen. Joey war mein absolutes Herzenspferd gewesen, mein Seelentröster. Ich werde dich nie vergessen, Joey.

So hatte ich auch weinen müssen, als am Morgen des 17. Februars 2018 mein Vater um 5 Uhr an meine Tür klopfte, um mir den Tod meiner Mutter mitzuteilen.

Ein Schmerz des Verlustes, der aus dem tiefsten Innern emporsteigt und einem fast das Herz aus dem Leib zu drohen reißt. Das vergisst man nie mehr. Zum Glück erinnert man sich später dann fast nur noch an die schönen Momente, die man miteinander hatte. Und das ist auch gut so.

8. Januar 2020

Es ist gleich zwölf. Noch ein denkwürdiger und etwas trauriger Tag. Unser Nachbar hat soeben die restlichen drei Hühner und den lieben Hahn (rotbraun mit weißem Schwanzgefieder, welches ihm inzwischen fehlt...Fuchskämpfe!) namens Johnny abgeholt. Bei Gandows wird es ihnen hoffentlich besser ergehen als bei uns auf dem Hof. Vorgestern Nacht/Abend passierte es, dass mein Vater und ich vergessen hatten, die Klappe vom Hühnerstall abends zu schließen. Wir waren tagsüber so aufgeregt und abgelenkt gewesen, da wir wegen unseres Qashqai einen schweren Diebstahl mit Vandalismus zu verkraften hatten. Die Polizei musste kommen, um die beiden eingeschlagenen Autoscheiben zu dokumentieren. Jedenfalls ist das alles ein Schock für mich, von dem ich mich nur langsam erhole. Die Hühner hat der Fuchs sich nacheinander geholt und mit über den Zaun geschleppt. Es muss brutal gewesen sein. Als es mir gegen 22 Uhr einfiel und ich mit der Taschenlampe nur noch das Gemetzel und Federn überall vorfand, war der Anblick unvergesslich und furchtbar. Zwei tote Hühner lagen noch am Boden. Eines drinnen im Stall, eines draußen im Auslaufgehege. Das, was draußen lag, hat sich der Fuchs dann in der Nacht auch noch weggeholt. Habe die Spur der Federn im Garten verfolgt, sie ging bis auf die Pferdekoppel und endete am unteren Ende des Wildzauns, wo ich ein großes Loch entdeckte. Das muss also sein Ein- und Ausgang gewesen sein. Ach, es tut mir so leid. Nur drei Hühner und der Hahn haben dieses Massaker überlebt. Und es war so eine schöne bunte Mischung gewesen: 2 schneeweiße, die wir kaum einen Monat hatten, 2 portugiesische mit grau-braunem Federkleid, 3 schwarze Grünleger (amerikanische Wildhühner Araukaner) und 2 braune, die er getötet hat. Man kann nur hoffen, dass es einer großen Fuchsfamilie zugutekam, die ab jetzt bei uns keinen Erfolg mehr haben werden. Nun bleiben uns nur noch unsere Erinnerungen, Harpo unser treuer Hund, sowie unsere Katze Wonky, die Killerqueen, und der unfassbar-flauschige Kater James. Das wars dann wohl mit der Landwirtschaft! Die Rechnung der Tierseuchenkasse steht noch aus.

Das Tagebuch ist voll und endet hier.

Es tut mir im Rückblick leid zu lesen, was für ein Chaos wir teilweise uns, unseren Mitmenschen, aber auch den Tieren, durch unsere naive Herangehensweise, zugemutet hatten. Wahrscheinlich ist dieses Buch ein Versuch, mich zu entschuldigen.

This was the story of the animals we found, we bought, we lost, we sold, we still live with.

Unsere Schafsherde hätte im Zirkus auftreten können.

Oregon   und   Joey   vor   unserem   Pflaumenwäldchen

In meinem Arm: Harpo mit seinen wundervollen Augen – wie Honig.

Unsere Milchziegen Meggy und Liesl mit Nachwunchs.

Wonky und Crumbles

Schmusekater James

Hahn und Hühner auf dem Misthaufen vor der Koppel

Hahn und Hühner sind bereit für ihre Nachtruhe

2012/06/10

2013/02/09

TINTA
JOYCE

TRILOGIE
Tagebücher vom eigenen Hof

TEIL II GARTEN

Die Rosen waren mein ganzer Stolz, sie duften traumhaft

Die Äpfel sind köstlich, auch als Bratapfel

Weiterhin ein deutsch-englisches Werk, größtenteils aber doch auf Deutsch. Eben fällt mir auf, dass die Auswahl unserer ersten Pflanzen wohl doch eher in den Süden gepasst hätten als nach Deutschland, wie interessant!

Gargrave - North Yorkshire 2nd March 2011

Our trees out of pips are growing fine:

3 x orange

3 x lemon

3 x apple

3 x cherry

1 x fig (bought at Morrison´s)

1 x banana (with several babies, …bought at Focus Garden Centre)

If they all are going to provide us with fruits (one day) we will be laughing! Now, the citrus-trees are still the smallest. Two of the apple trees are impressive in speed of growing, more than 40 cm within the last 4 months! They are almost 1 meter high, and their trunk seem to be strong. On top the very green baby leaves are covered by kind of lice (Blattläuse) and I hope as soon as I can find a ladybird beetle (Marienchenkäfer) the apple trees will be happy. I found one leave with certainly signs of a hungry slug! So, I surrounded both (Stämme) with eggshell. It should help a bit, making it uncomfortable for slugs (Nacktschnecken). I can´t imagine where on earth (or maybe *in* earth) a slug can hide in our kitchen. Maybe she found a snuggle way to spend her winter. The smaller apple trees are growing very slow. Maybe we have to find them bigger pots.

The big cherry-tree, I call it my „survivor-tree ", is still asleep. No leaves or bulbs to see yet. But the nights are still cold and frosty. Though most of spring flowers are brighten my days. I shouldn´t ask too much of our plants who survived a very cold winter in our greenhouse in Gragrave. Patience is a virtue…who said that? Sometimes I don´t like to be patient.

When we move to Germany (hopefully the week after Easter), I will take all our flowers with us. Especially our rose „*Amazing Grace* ". We bought the rose at our first wedding anniversary. This rose is really like her name. Once the first rose is out, it never stops bringing new presents – almost until winter. So „*Amazing Grace* "needs a safe, sunny space in our garden. Maybe in our private garden. Today I looked at the video I took of this garden – it´s going to be beautiful! I can´t wait for the summer, to see the fruit trees with apples and berries on the bushes. They will provide us with first preserves (Kompott & Apfelmus) with homemade clotted cream. I think we should start with goats' milk, but that needs to go in a separate book; we bought 3 books, garden, animal, kitchen; the 4th book is for the building of the house, Café and guestrooms. So, I won´t say more about making cream or other delicious homemade desserts here. The garden will give us joy, all the year round. The „Allee "of almost Belgium looking trees, just at the front of the garden is really something wonderful. This „Allee "is already in my daydreams and will be (one day) painted. If not me, then my dad will paint them, promise. Mirow, we are coming!

Zu diesem Zeitpunkt hatten wir uns noch andere Objekte angesehen, und hier geht es um Mirow gegenüber der Schlossanlage, die uns für 1 € vom Bürgermeister angeboten worden war.

Nun ist es nicht *Mirow,* sondern *Buckautal* geworden. Bei Mirow hätten wir die Verpflichtung gehabt innerhalb eines vorgegebenen Zeitraums eine Million Euro zu investieren. Das war uns dann doch eine Nummer zu groß und vor allem hätten wir gar kein Privatleben mehr gehabt. Also sind vor sechs Wochen nun schließlich hier in Buckau angekommen. Die Arbeit ist unermesslich viel und wir hoffen alles schaffen zu können. Schritt für Schritt. Gestern am 19. September 2011 habe ich gemeinsam mit Beta-Renate und Jakob drei weitere Obstbäume gepflanzt. Darunter Jakobs Apfelbaum, den er zur Taufe von Gabi Rauert bekam. Er steht zwischen einem alten, fast abgestorbenen, Apfelbaum und einer kleinen Gruppe Apfelbäumchen. Die Stämme sehen schon recht kräftig aus, sind sicher mehr als zehn Jahre alt. Auch einen selbstgezogenen Apfelbaum (35-40 cm hoch) habe ich dem Ensemble hinzugefügt. Warten wir's ab, wie sie sich entwickeln mögen.

Ein weiterer Kirschbaum (mit drei Ablegern neben dem Hauptstamm) habe ich neben den drei Kirschbäumen gepflanzt. Heute kommen noch zwei weitere hinzu, sodass wir also 6 Kirschbäume haben werden. Hoffen wir auf gute Ernten und Gottes Segen.

September 2011

Wenn ich die letzte Eintragung lese, so muss ich hier erwähnen, dass die neugepflanzten Bäume allesamt gut angewachsen sind. Sie haben zum Teil sogar ein paar Blüten gezeigt, was ich zu dieser Jahreszeit höchst außergewöhnlich finde. Auch neue Blätter färben sich herbstlich bunt. Nur einen Wehmutstropfen/Klage muss ich loswerden: rote Acrylfarbe! Jakob und seine neuen Freunde! Die Banausen kamen auf die glorreiche Idee eine selbstgebaute Hütte anzumalen, ebenso die abgeschnittenen Äste, dies war erlaubt, doch dass die so schlauen Kerlchen ihre Malkünste an unseren frisch gezogenen Obstbäumen weiter ausleben müssen, damit hätte keiner gerechnet. Ich war schockiert!

Nun denn, ich habe der versammelten Mannschaft eine Standpauke gehalten und hoffe auf Besserung. Im Vorgarten, vor dem Haupteingang, habe ich drei Farben *Erika* gepflanzt, sowie *Astern*. Auch Frühlingszwiebeln habe ich bereits in die Erde gebracht: *Tulpen, Osterglocken, Krokusse, Blue Bells, Traubenhyazinthen* und *Osterglocken*. Unter den Obstbäumen werden sie bestimmt hübsch aussehen. Eine riesengroße *Aster* befindet sich auf der obersten Stufe (Farbe wie Bordeaux Wein), darunter eine in champagnerfarben, die Kathy und Freddy mitbrachten (zwei *Hokkaido* Kürbisse zur Deko auf derselben Schwelle). Die Rosen scheinen doch noch ein weiteres Mal Knospen zu produzieren, worüber ich mich natürlich sehr freue. Ich werde sie wohl noch mal düngen, bevor der Winter kommt. Herbstlaub fegen, erwartet mich morgen.

Übrigens habe ich auch den Kirsch- und Apfelbäumchen täglich ihre Wassereimer angeschleppt, was sich wohl ausgezahlt hat. Alle anderen kriegen sowieso ihre Gießkannenration. Heute hat es sogar geregnet. Zum Thema Wassertonne und Acrylfarbe gäbe es eine weitere Geschichte von Jakob zu berichten. Ich muss jetzt schlafen. Um mich herum schnarcht es bereits.

8. Oktober 2011

Heute haben wir den Feigen- und den Bananenbaum reingeholt. Es war inzwischen zu kalt geworden. Der *Hibiskus*, die *Minze* und die kanarischen Kakteen (Sukkulenten Gewächse) sind bereits seit einigen Tagen in der Küche am Fensterbrett. Ebenso die Zitruspflanzen, die ich aus Zitronen- und Orangenkernen gezogen habe. Wir sollten bald entscheiden, ob wir hierbleiben wollen oder nicht. Das Haus hat soo viele Risiken bezüglich Sicherheit und Gesundheit. Im Fall der Fälle müssen wir uns gut überlegen, was wir machen!

5. November 2011

Habe heute ein Dutzend Bäume beschnitten, die von unserem Wäldchen. Ein paar Schlehen waren noch zu sehen, hab mich allerdings nicht getraut, sie zu probieren. *Sloe-Gin & Beewax*, heißt eins der Bücher, dass wir aus England mitgebracht haben. Eine ältere Dame hatte es mir an unserem Stand auf der Buchmesse in *Gargrave* geschenkt (anstatt dass wir Bücher verkauft haben). Sie war extra nochmal nach Hause gegangen, um das Buch für uns zu holen. Die Bäume in unserem Wäldchen stehen so dicht, dass ich viele jüngere einfach herausnehmen musste. Das Sonnenlicht würde sonst nicht an alle herankommen. Jedenfalls bin ich zufrieden mit meiner Arbeit. Es macht Spaß, im Freien, an frischer Luft zu arbeiten. Als ich noch dabei war, den Haselnussbaum (ich hoffe es ist tatsächlich einer) zu beschneiden, passierten Gandows mit ihrem weißen Benz. Herr Gandow meinte, wir könnten ja mal ihre Schafe für unser Feld ausleihen. Trotz

Wolle würden sie den Elektrozaun respektieren. Man müsse nun auch in der Nähe sein, sie quasi hüten. Die Haselnusszweige will ich versuchen zu Körben zu flechten. Morgen, ein erster Versuch!

Das mit dem Korbflechten hat nicht richtig funktioniert. Unsere Ruten waren zu dick und zu ungleich. Außerdem hätte ich sie in Wasser quellen lassen müssen, was ich nicht wusste.

19. November 2011

Unsere *Amazing Grace* Rose blüht noch einmal. Ich habe sie ab und zu mit einem letzten Rest kalten Kaffees gegossen. Nachts gibt es bereits Bodenfrost, sodass ich die Rosen (2 Töpfe) im Korridor zu stehen habe, gleich neben dem Feigenbaum, der hier ebenso überwintert. Knoblauch habe ich nun gepflanzt, im großen Topf, 6 Zehen, die bereits keimten. In der Mitte des Topfes ist noch ein Rest von der einst üppig blühenden Holy-Trinity-Blume, die eigentlich unverwüstlich sein sollte. Die Hunde hatten sie ausgegraben (Mistviecher!!) und ich habe den letzten Rest wie gesagt dort eingetopft, wo auch die Knoblauchknollen gedeihen sollen. Warten wir's ab. Ansonsten ist es viel zu trocken. Es hat 3 bis 4 Wochen schon nicht mehr geregnet. Nur seltsam, dass die Flüsse wieder angestiegen sind. Vielleicht hat's ja woanders geregnet. Übrigens steht die Bananenpflanze nun in der Küche; sicher gefällt ihr das Klima der warmen Küche besser als draußen.

17. Januar 2012

Habe heute Porree/Leek ausgesät. Im Topf, im Badezimmer. Sie sollen feucht und kühl gehalten werden.

21. März 2012

Oliver und ich haben in den vergangenen Tagen einige alte tote Bäume gefällt. Darunter waren abgestorbene Pflaumen und die arg giftigen mit der hellen, schlangenartigen Haut. Die bekommen im Sommer verlockend rote Blüten, wie Hütchen, daher nennen die Nachbarn die Sorte auch Hütchenbaum (*Pfaffenhütchen*). Meine Schwägerin ist ausgebildete Garten- und Landschaftsplanerin und hat uns dringend dazu geraten. Auch die Schlehen und die gesunden Pflaumenbäume habe ich etwas beschnitten. Es sind mehrere, riesige Berge Reisig entstanden, Sogar unser eigenes Feuerholz können wir zum Teil nutzen, nur trocknen muss es noch.

Auch habe ich heute *Broccoli* gepflanzt, in einer alten Regenrinne, in die Oliver Löcher gebohrt hat. Darüber habe ich alte, ausrangierte Fenster an die Hauswand/Stallwand gelehnt, als erster Gewächshausersatz. Hoffen wir, dass der Broccoli besser gedeiht als der Lauch.

Von meiner Nachbarin Ute am 25.März 2012 bekommen:

- *Alma Pötschke (Astern)*, Magenta Knallrosa-Rot
  – in drei Teile teilen –

- *Karl Förster; Archemilla Mollis*
  weicher Frauenmantel Grün/Gelb

- Von Frau Nethe aus Görzke stammend, Lila blühend, die Blätter sehen aus, wie umgeklappte Zacken

25. März 2012

Ich freue mich sehr, dass Ute uns Blumenableger geschenkt hat. Sicher werden sie uns jedes Jahr aufs Neue erfreuen. In dieser kommenden Woche will mein liebster Oliver uns ein Blumenbeet vor dem Haus vorbereiten.

Es soll ein ca. 30-50 cm breiter/schmaler Streifen entlang der Ostseite (Vorderseite des Hauses) werden.

Auch freue ich mich über die Frühlingsblumen, die nun blühen: Krokusse, Traubenhyazinthen, Tausendschön, Primeln, Stiefmütterchen und Bellis. Osterglocken hatte ich direkt unter die Kirschbäumchen gepflanzt. Eine zeigt der Sonne bereits ihr strahlendes Gesicht, die anderen haben sich noch mehr Zeit gelassen, sind aber bereits zu sehen. Tulpen habe ich auch gepflanzt; man sieht schon ihre Blätter. An den Primroses, die wir aus England mitgebracht haben, kommen auch bereits ein paar frühlingshafte Knospen (sie blühen zart Rosé). Da dort allerdings nur die Morgensonne scheint, lassen die Blüten noch ein wenig auf sich warten. Die gelb-roten Blumen von Kathi aus Wales wollen hier noch nicht so recht. Auch der Sonnenhut, den meine liebe Mama mir mitgebracht hat, will noch nicht. Dafür zeigt mir die Pfingstrose aus *Gargrave,* dass sie überlebt hat – und darüber freue ich mich ganz besonders.

26. März 2012

Heute haben wir bereits unsere Planung in die Tat umgesetzt und das Blumenbeet vor dem Haus angelegt. Das heißt, Oliver hat es mit dem Spaten ausgehoben und ich habe es den ganzen lieben Tag lang bepflanzt. Es war ein Erlebnis! Die Form ist, auf meinen Wunsch hin, nicht schnurgerade entlang der Hauswand, sondern hat insgesamt drei Wellen / Ausbuchtungen. Die Mittlere ist größer. Den Sonnenhut, den wir bereits im vergangenen Sommer/Herbst von meiner Mama bekamen, habe ich (samt den Frühlingsblumen ringsum) ins neue Beet gesetzt. Ebenso die Blumen von Ute. Die Primel, die mir Frau Wipf beim gemeinsamen Einkauf geschenkt hat, ist ja auch im Beet, allerdings auf dem kleineren, wo auch die Pfingstrosen kommen werden.

Nun war heute so ein wunderbares Wetter, dass das ganze Dorf auf den Beinen war. Und sogar Frau Feuerherd, gegenüber, kam aus dem Haus und setzte sich mithilfe ihrer Krücken vor die Tür, d.h. auf die Treppe. Und als ich so am Einpflanzen war, rief sie mich zu sich, in der ihr so typischen Art (Ostpreußisch):

„Da kimmste mal mit dein Spaten und nimmst dir wat weg von mir. Hier sind so schöne gelbe, die sind bald draußen, ham schon Knospen. Und Veilchen könnter auch ham, weiße und Lilane, nimm dir mal son schönes gruoßes Stück raus. Ach watt, dat wächst widda nach. Nimm nur ordentlich! Und hier drieben auf de andre Seite, jibtet noch de roten, die nimmste auch mit. Und dann da anner Wand, die wo sagen wir zu die Malerblume, die auch. Nu nimm schon, lass die Erde dran und stich gleich nen ordentliches Stück ab.“

Ich hab mich so gefreut, mich vielmals bedankt.

„Bedanken tut man sich nich für Blumen, sonst wächst det nich.“ „Gut, dann sag ich eben nicht danke!“ (wir grinsen uns an).

Skater kamen vorbei; der kleine Paul, der Jüngste vom Jape heulte, weil erst wollte er beim Opa bleiben, und kaum war die Mama aus dem Haus, fing er an zu flennen: „Paul wollte beim Opa bleiben.“

Frau Feuerherd: „Immer laß ihn!“

Nur Frau Walzog fehlte heute irgendwie. Oliver sagt, er sah sie am Morgen.

Frau Feuerherd ist im November letzten Jahres an Krebs verstorben. Als ich sie das letzte Mal in ihrer Stube sah, hat sie geweint. Sie wusste wohl, dass sie bald geht, ich nicht. Es ging um den Brunnenbau bei uns. Sie sagte mir unter Tränen, dass sie bei den Gandows den Brunnen gebohrt haben, kurz bevor ihr Mann starb. Frau Feuerherd – ich vergesse sie nie.

Diese freundliche, herzliche Art, habe ich so in der Art von den Alteingesessenen nie wieder erlebt.

28. März 2012

Habe heute das letzte ¼ unseres Obstwäldchens geliftet, d.h. beschnitten, sodass man das Gefühl hat, keine Wildnis vor sich zu haben. Ich fühle mich heute nicht so wohl, sodass ich nur ca. 1 ½ Stunden gearbeitet habe; kam trotzdem ins Schwitzen! Ein kleines Highlight muss ich noch festhalten: das letzte Fahrzeug haben wir heute endlich entsorgen lassen. The orange van. Endlich werden wir freie Sicht auf unser Land haben! Oliver meint, wir hätten einen Rekord im Guinnessbuch anmelden können, nach dem Motto „Wieviel Müll passt in einen Wagen"!? Wir hätten nie vermutet, wieviel Müll dieser Typ in den armen Wagen gestopft hat. Müll/Unrat aller Art. Allein dafür wird´s einen halben Container brauchen (alte Farben, Spraydosen etc.). Beim Abendbrot haben wir unserer Fantasie freien Lauf gelassen, wo der „Orange van" wohl noch gute Dienste leisten wird … sicher in Afrika … nachdem ein paar Afrikaner daran rumgeschraubt, getanzt und gebetet haben, wird es der „Orange Angel" in Afrika werden. Unersetzlich und ein guter Zweck für unsere Freunde in Afrika. Ich meine das ehrlich, ich hoffe, dass er in seinem neuen Leben noch gebraucht wird. Wir sind jedenfalls froh, endlich freie Sicht zu haben. Und da, wo er mal stand, wird/soll ein „walled-garden" entstehen, in der Ruine. *A la Sinclair.* Ute hat mir einen beispielhaften Bericht aus *Country Living* dagelassen.

31ˢᵗ March 2012

We have today tested our soil. it has a PH of 6.0 which makes it an acid soil.

2. April 2012

Heute ist ein guter Tag (laut Mondkalender) um Blattgemüse zu säen. Oliver breitet gerade zwei Dutzend Samen in recycelten Klorollen vor, es werden Rosenkohlpflanzen, so Gott will. Er meint, dass wir für diese Jahreszeit zu kalte Temperaturen, mit bis zu -4°C erwarten. In dem braunen

Terracotta-Blumenkasten haben wir/ich 10 Maiskolben gesetzt. Bin gespannt, ob das was wird. Die Broccoli-Sprösslinge kommen gut in der ausrangierten Regenrinne. Oliver hatte Löcher reingebohrt, damit das Wasser ablaufen kann.

22. April 2012

Wir haben in dieser Woche mit einem Gemüsebeet begonnen, hinten im Garten, wo die Sonne den ganzen Tag scheint. Da dort wohl seit Jahren (Jahrzenten?) nichts mehr angepflanzt, geschweige denn beackert wurde, war es für meinen lieben Mann äußerst schwer, die ersten Meter auszuheben. Nun sind es ca. 2-3 m², aber heute werden es mehr. Früher wurden hier Kartoffeln angebaut. Wir haben noch eine alte Kartoffelmaschine mitten auf dem Feld gefunden, die fast verrottet war. Wir haben sie zum Schrottplatz gebracht und mit dem Holz ein Osterfeuer gemacht. Überhaupt haben wir unzählige Feuer gemacht, die uns ein gutes Gefühl gegeben haben. Die Feuer waren riesig und hatten etwas Versöhnliches. Wir konnten unser Schicksal erstmal besser annehmen, dass wir jetzt Bauern, Handwerker, Mädchen für alles geworden sind.

Das Wohnhaus muss kernsaniert werden, was eine echte Herausforderung für uns ist, sowohl physisch, psychisch als auch finanziell. Aber wir haben uns entschlossen, diese Wachstumschance anzunehmen. Es kann nur besser werden als es jetzt ist.

Um historisch noch tiefer zurückzublicken und das Wesen dieses Hofes noch besser verstehen zu können, müssen wir hier kurz vom zentralen Thema etwas abschweifen.

Im Backhaus, in der ersten Luke oben, haben wir einen alten Stuhl gefunden (und einen Kaminschacht, der viel zu nah am Gebälk gemauert liegt) und viele uralte Lieferscheine aus den Zeiten der *LPG*, deren hauchdünnes Papier uns fast in den Händen zerfiel. Kistenweise muss von hier Obst und Gemüse, Getreide und Kartoffeln ausgeliefert worden sein, nach Magdeburg. Zu dem Haus gehörten ursprünglich sehr viele Flurstücke, Felder und Wald. Das wurde nach der Wende alles den ursprünglichen Eigentümern zurückgegeben.

Was wir über dieses Anwesen wissen, sind Erzählungen der älteren Generation, die sich noch an alles erinnern konnten. Die Geschichte, die man uns erzählte, ist die Folgende:

Unser Haus gehörte früher einer großen Familie. Der Sprengmeister aus der Muna (Altes Munitionsdepot Buckautal) hatte die Tochter vom Großbauern geheiratet und so wurde das ursprünglich kleine Haus abgerissen und gemeinsam mit den Offiziershäusern der Muna neu gebaut. Zwischen dem alten Backhaus, in dem noch der alte Brotbackofen existiert, und der fast 30 m langen Scheune, liegt nun das Zweifamilienhaus, in dem wir leben. An die Scheune war dann ursprünglich noch der Pferdestall angebaut worden, der ebenfalls wie die Scheune, im oberen Bereich, im Lehmfachwerk gebaut war. Das Mauerwerk der Stallungen besteht aus roten Klinkern. Der Hof war also ursprünglich ein Vierseitenhof. Unser Vorgänger, Udo, hatte die vierte Seite des Anwesens abgerissen, weil sie einsturzgefährdet war. Und so liegt noch immer die Ruine des alten Pferdestalls im Dornröschenschlaf und wartet auf bessere Zeiten. Nur gut, dass sie die Grundmauern stehen gelassen haben. Denn es gibt wohl das Gesetz, dass man im Naturpark des Hohen Fläming keine neuen Gebäude bauen darf, es sei denn, sie werden auf den alten Grundmauern gebaut.

Die Stallgebäude mit dem alten Lehmfachwerk und das Backhaus sind noch sehr viel älter als das Wohnhaus. Das muss in der Zeit um 1935 entstanden sein. Sie könnten, nach Aussage eines Kunstrestaurators, der sich mal die geschmiedeten Beschläge der Stalltüren angesehen hatte, aus der Zeit des Barocks oder Biedermeier stammen. Eine Bohrung des Holzes hatten wir nie vornehmen lassen, da wir Angst hatten, dass die Stallungen eventuell so alt sein könnten (200-300 Jahre), dass man dann den Denkmalschutz aufwecken könnte, was wir unbedingt vermeiden wollen.

Der Großbauer hatte also viel zu bewirtschaften. Und so kam es, dass während der DDR-Zeit es zu neuen Regelungen kommen sollte. Die Bauern wurden enteignet. Erlaubt mir hier ein wenig auszuholen, um das Wesen, die Seele dieses Anwesens besser verstehen zu können. In *der MDR Zeitreise* wurde darüber berichtet:

Die SED-Agrarpolitik war mit dem Ziel angetreten, mit der "Ummodelung der werktätigen Bauern, ihrer ganzen Mentalität, ihren gesamten Gewohnheiten, Arbeits- und Lebensbedingungen" eine tiefe Verbundenheit zur Arbeiterklasse zu schaffen und somit den "Sozialismus auf dem Lande" aufzubauen. Und weiter... Die Bodenreform in der sowjetisch besetzten Zone war der erste Schritt einer Umwälzung, die das gesamte bisherige ländliche Gefüge sprengen sollte. Das Programm zur Durchführung einer Bodenreform wurde bereits kurz nach Beendigung des Zweiten Weltkriegs unter entscheidendem Einfluss der KPD festgelegt. Unter der Losung "Junkerland in Bauernhand" erfolgte 1945 die Umverteilung von Grund und Boden als eine der ersten großen Reformen in der SBZ. Einstige Großbauern und Großgrundbesitzer, die mehr als 100 Hektar Land besaßen, sowie "Nationalsozialisten und Kriegsverbrecher" wurden im Zuge der Bodenreform entschädigungslos enteignet. Die rund 3,3 Millionen Hektar Äcker, Wälder und Wiesen wurden Landarbeitern, Kleinbauern, Flüchtlingen und Umsiedlern zugeteilt. Die restliche Fläche ging zumeist in die neugegründeten Staatsbetriebe, die sogenannten "Volkseigenen Güter" (VEG) ein. Das verteilte Land durfte von den "Neubauern" jedoch weder verpachtet noch verkauft werden. Wurde das Land nicht bewirtschaftet, konnten die Eigentumsrechte an Grund und Boden verfallen. Die Enteignung der Großgrundbesitzer und die Aufteilung des Landes in Parzellen, die nicht mehr als fünf bis zehn Hektar umfassen durften, führten besonders in den traditionell gutsherrschaftlich geprägten Ländern Mecklenburg, Vorpommern und Brandenburg zu einem abrupten Übergang von einer großbetrieblichen zu einer kleinbäuerlichen Agrarstruktur. Trotz der Bemühungen um eine gute Ausstattung der Neubauern mit Vieh, Maschinen, Geräten und Gebäuden, blieb die Wirtschaftskraft der neuen Höfe begrenzt. In den frühen fünfziger Jahren gerieten die Neubauernbetriebe zunehmend in eine ökonomische Krise. Bis

1952 verließen 80.000 Neubauern ihre Höfe wieder, oftmals fanden sie in der expandierenden Industrie einen attraktiveren Arbeitsplatz. Die verlassenen Flächen führten zu erheblichen Einbrüchen in der landwirtschaftlichen Produktion. Zudem konnten zahlreiche Neubauernbetriebe nicht viel mehr produzieren als zur Selbstversorgung ihrer Familien nötig war. Sie gaben selten mehr an den Staat ab, als die Pflichtablieferung vorsah. Die Neubauern blieben in der Dorfgemeinschaft meist isoliert und mussten mit der hohen Arbeitsbelastung auf ihren Höfen allein fertig werden.

Zitatende `Landwirtschaft in der DDR´ MDR-Zeitreise, 28.August 2020.

An dem Tag, als die besagte Familie von der Bodenreform und ihrer geplanten Umwälzung erfuhr, muss sie ein massiver Schock ergriffen haben. Vielleicht waren sie auch vorgewarnt worden. Jedenfalls heißt es, dass sie noch am selben Abend, nachdem sie bei einer Zusammenkunft von der neuen Reform erfahren hatten, bei einer Nacht- und Nebelaktion, per Fahrrad geflüchtet sind, und nie wieder zurückkamen.

Der Großvater soll als Einziger zurückgeblieben sein und lebte in einem Zimmerchen, wo sich heute die Tür zur Rampe befindet. Familie Bosse soll im Westen, in Hannover, untergekommen sein. Unmittelbar nachdem sie den Buckautaler Hof verlassen hatten, wurden über viel Jahre diverse Leute einquartiert. Der lokale Polizist mit seiner Familie wohnte hier genauso wie die Betreiber des *Konsums*, Lehrer nutzten die unteren Räume mit der Schiebetür ebenfalls als Schreibstube und Landarbeiter waren in angebauten Zimmern unter dem Dach untergebracht. Ebenso wurden die Stallgebäude als Unterkunft für viele Pferde genutzt, die dann u.a. auf dem Reitplatz trainiert wurden. Der Reitplatz in Buckautal befindet sich unterhalb der großen Handyantennenstation in Richtung *Dretzen*, wo auch die alljährlichen Sommer-Reitturniere des *Buckautaler* Gestüts ausgetragen werden. Ein Highlight.

Zurück zum 22. April 2012

Es hat geregnet und die Sonne kommt ab und an raus, also ideale Bedingungen für solche Gartenarbeit. Mit Ute vom Pfarrhaus hatte ich gestern einen Schnack in ihrem Garten. Eigentlich wollte ich mich nur für die Lesebrille bedanken, die sie mir auf einem Markt für einen oder zwei Euros mitgebracht hat (meine erste Lesebrille überhaupt). Die Jungs musste ich gleich nebenan auf dem Spielplatz zu Rede stellen, sie hatten mit Munition auf Jakob geschossen (Gummiteile). Ich hab ihnen erzählt, dass Oliver auf einem Auge nur noch zu zwanzig Prozent sehen kann, aufgrund ähnlicher Dummheit!

Allerdings hab ich nicht erwähnt, dass es bei Oliver ein Papierflieger war, der ihm ins Auge traf. Nun, was ich eigentlich sagen wollte, Ute hat mir ihre Pflanzen gezeigt und ist auch froh, dass unsere Kletterrose den harten Winter überlebt hat. Aber einige etablierte Pflanzen haben es nicht geschafft, wie ein dicker Lavendelbusch. Genauso ging es mir in einem Jahr in *Gargrave*. Ein wunderbarer *Lavendelbusch* war einfach abgestorben. So versuchen wir nun unser Glück aufs Neue. Auch will ich so gern ein paar Bäume bei uns pflanzen, etwas für die nächsten Generationen hinterlassen. *Eschen* sind meine Lieblingsbäume (so dachte ich jedenfalls lange Zeit), so gern würde ich eine Allee aus *Eschen* anlegen. Und einen Hofbaum, der in der Mitte steht.

Anmerkung rückblickend, am 26. Januar 2021

Der Hofbaum ist ein schöner *Walnussbaum* geworden, einer der wenigen Bäume, der wirklich gut gewachsen ist. Er ist über 5 Meter hoch und hat sich harmonisch ausgebreitet, obwohl wir ihn schon so manches Mal hier und da etwas stutzen mussten, wenn die Heulieferung der *Agrargenossenschaft* nicht nah genug an die Scheune heranfahren konnte. Den Fahrern muss ich an dieser Stelle ein Lob aussprechen: mit solcher

Präzision, wie massige Rundballen abgelegt, gedreht, in Position gebracht wurden, das glich einem Kunststück. Alle Achtung!

Das Heu anschließend in einer Familienaktion in der Scheune so zügig zu verstauen, bevor der nächste Regen eintraf, war oft mehr als ein Kraftakt. Sicher sah es für meine Eltern, die uns von der Küche aus zusahen, immer lustig aus, manches Mal hatte Papa uns dabei auch gefilmt. Das Heu klebt an uns wie an einem, der erst geteert und dann gefiedert wurde...aber das Gefühl diesen Kraftakt mit erledigt und wieder Vorrat für die nächsten zwei Wochen zu haben, versöhnte einen sehr und schweißte uns als Familie jedes Mal wieder ein Stück mehr zusammen. Unser Sohn, zu der Zeit ein normaler Teenager, sieht das bestimmt anders.

Zurück zum Hofbaum. Dieser Walnussbaum stammt von einem Berliner Eichhörnchen aus der Schorlemerallee in Berlin Dahlem. Meine Schwägerin, Christine, die mir auch auf der Beerdigung den Tipp mit dem Buckautaler Haus gab, hatte mir nach längerer Überlegung, den Walnussableger mitgegeben. Auf ihrer Dachterrasse hatte das Eichhörnchen eine Walnuss in einem Balkonkasten versteckt, und die Wurzeln des ursprünglich kleinen Walnussbäumchens, waren sogar durch das Loch im Boden weiter in die Erde darunter gewachsen. Man konnte die Wurzeln nur mit Mühe herauslösen. Umso schöner und kräftiger steht er jetzt da, unser schöner Hofbaum. Als die Agrargenossenschaft mit ihrem Tieflader uns mal Heu für die Pferde lieferte und der Tieflader nicht nah genug an die gewünschte Türöffnung unserer Scheune heranfahren konnte, mussten wir zwangsläufig zwei Seitenäste absägen. Aber das hat uns der Baum bereits verziehen. Bislang hat er uns zwar nur eine Handvoll Walnüsse geschenkt, aber wir hoffen, dass der Baum bald großzügiger wird: er sammelt noch seine Kräfte. Wenn die Grube im Hof einmal verändert werden sollte, so muss man besonders darauf achten, die Wurzeln dieses traumhaft schönen Hofbaums nicht zu verletzen. Außerdem mag er keine Staunässe. Dafür bedankt er sich aber ganz brav, mit großem gesundem Blattwerk, nach seiner täglichen Wasserration. Ohne viel Wasserdruck lassen wir das eigene Brunnenwasser um den Stamm herum, durch den endlos-langen Gartenschlauch ein paar Minuten am Boden liegen, einfach laufen. Im Winter ist er einer der ersten Bäume, der einen Anstrich aus Kalk bekommt, um der Kälte besser standhalten zu können. Inzwischen ist er mehrere Meter hoch und sein Stamm hat den Umfang, wie der eines Beines. Hoffen wir, dass er noch vielen Generationen Freude, und auch etwas Schatten im Sommer, bringen wird.

Mit den Jahren ist durch all den Dunk, den unsere Tiere (Hühner, Kaninchen, Schafe, Ziegen, das Pony und die beiden Pferde) geleistet haben, die Erde wunderbar fruchtbar geworden. Besonders um die Ulme herum, wo wir um die 8 Jahre unseren Misthaufen hatten. Auch Gandows haben von der wunderbaren Erde einige Schubkarren abbekommen. Gandows' Garten ist ein Traum für jeden Gärtner. Nur selten kenne ich das Gefühl von Neid. Vor allen Dingen haben sie Gewächshäuser, von denen ich immer nur träumen konnte. Na ja, man kann nicht alles haben.

Auch muss ich noch berichten von der wunderbaren Baumblüte. Wie weißer Schnee, so sieht unser Obstwäldchen aus. Die Arbeit mit dem Zurückschneiden hat sich wohl doch gelohnt, vor allem, weil es nicht alles nur Schlehen sind, sondern so viele Pflaumen. Wir sind richtig stolz auf unser Pflaumenwäldchen, besonders wenn in der Osterzeit die hungrigen Bienen und viele andere wichtige Insekten, sich endlich ein Festschmaus gönnen dürfen. Dieser Duft, so süß, dass die Luft nach Honig duftet, ich kann's kaum erwarten!

Hier im Obstwäldchen können wir Blumen und Kräuter anlegen, die mehr Feuchtigkeit benötigen. Ute, die Pfarrersfrau, meinte, Pfefferminze würde dort sicher gut gedeihen. Sie selbst hat Minze, die man in den Tee macht, sodass er dann, wie *Earl Grey* schmeckt und duftet. Ich werde mir jetzt einen Jasmintee aufbrühen. Meine liebste Tanja hat ihn mir auf unserem Ausflug in Potsdam spendiert. Heute werde ich mit dem Bild für ihren Geburtstag am 8. Mai beginnen. Motiv: *St. Michael's Mount* in *Cornvall* – zur Erinnerung an unseren gemeinsamen Urlaub in dem Sommer, bevor wir hierher zogen. Es war traumhaft! Sogar vom Bett aus konnte man dieses grandiose Bauwerk bewundern, *St. Michael's Mount*, das Schloss im Meer. Ich habe gehört, dass sein Zwillingsbau in Frankreich existiert, genauso anmutig und direkt im Meer. Vielleicht gelingt es uns irgendwann einmal, uns persönlich davon zu überzeugen.

Erst im späten August ist die Erntezeit für Pflaumen. Für die Schlehen, die sich im Laufe längst vergangenen Jahrzehnte unter die Pflaumen gemischt haben, sogar erst nach dem ersten Frost. So haben wir noch genügend Zeit, um uns um andere Dinge zu kümmern.

Ein Gewächshaus soll entstehen, aus einem reichlichen Sammelsurium alter Fenster. Die unterschiedlichsten Self-made-Kreationen und Möglichkeiten verfolge ich immer wieder gern im Internet. Praktikabel und langlebig, oder doch eher verspielt und romantisch? Es wird wohl nicht so einfach werden, sich zu entscheiden. Jedenfalls haben wir mehr als ausreichend Material in unserem Fundus, das wir verbauen können. Aber momentan grätscht sowieso immer wieder eine andere Priorität dazwischen. Wir werden sehen.

Heute am 28. April 2012 habe ich bei 30°C um 18 Uhr abends neues Gemüse im erweiterten Beet gesät. Das Wetter ist absolut ungewöhnlich. Zwischen die beiden Beete hat Oliver Steine gelegt. Kopfsteinpflastersteine, die hier manchmal auch Katzenköpfe genannt werden, gibt es in Hülle und Fülle. Es war heute so ungewöhnlich heiß. Über 30°C im Schatten, schwül; kein Lüftchen spürbar. Auch gestern schon brauchten wir noch nicht einmal am Abend zu heizen. Was für eine Erleichterung! Übrigens sehen die jungen Triebe vom Broccoli recht gut raus. Sie wachsen zwar unterschiedlich schnell, aber stetig. Sie scheinen den warmen Schutz des Glases (cold-frames) zu mögen. Sie gedeihen in einer ausgedienten Regenrinne aus Plastik, in der Oliver Löcher gebohrt hat. Auch die kleinen Sprösslinge vom Rosenkohl zeigen Wachstumserfolg. Fast alle 25 Pflänzchen sind herangewachsen, obwohl ihr Gefäß aus dem Kern von Klorollen besteht. Zurzeit stehen sie auf der

Fensterbank in der Küche. Dort können sie in Ruhe gedeihen und werden nicht von Pavarotti (Hahn – bald wohl `Cock aux vin´) und seinen vier braunen Hennen gefressen.

Jakobs Patentante hat für uns einen weiteren Walnussbaum in einem Töpfchen gepflanzt. Noch sieht man keine Keimung, warten wir es ab. Morgen fährt sie leider schon zurück nach Eckernförde. Oliver kommt zurück aus England. Fliegender Wechsel!

Montag, 30. April 2012

Ich habe gestern Abend noch drei Geranien eingetopft, sie sehen wirklich schön aus: Pink, Rosa und Magenta. Es ist so heiß. Wir brauchen dringend Regen!

28th May 2012

Roses - we have now planted the climbing rose `New Dawn´, next to the chicken shed. It should have creamy white flowers (no, they are more of a bright rosé). Our roses we brought from England are now flowering. These are `Amazing Grace´ (Pink) and we do not know the name of the other one (light rosa-cream). It is nice that `Amazing Grace´ is now flowering on our wedding anniversary time. All our roses have a wonderful perfume smell. I love it!

Anm. `Amazing Grace´ ist uns leider kaputt gegangen. Sie stand zu dicht an der Rampe, wo wir einfach zu oft mit dem Rollstuhl entlang mussten. Als wir dort weitere Steine verlegen mussten, hat sie das erneute Umsetzen übelgenommen. Sehr schade.

Mittwoch, 6. Juni 2012

Von dem fehlenden Regen, den ich bei meiner letzten Eintragung erwähnte, kann ich nun nicht mehr klagen: Seit fast einer ganzen Woche haben wir täglich Regen oder auch Nieselregen. Am ersten Regentag war es so doll, dass wir auf dem Dachboden im Wohnhaus wieder Eimer aufstellen mussten (unser Dach muss dringend neue gedeckt werden!). Die vielen Tropfen in den aufgestellten Eimern hörten sich fast wie ein kleines Konzert an. Den Pflanzen hat der Regen gutgetan. Nun könnte sich langsam wieder schöneres Sommerwetter einstellen, vor allem, da am Freitag die Fußballsaison startet (Europa-Cup; die Buckautaler Fanmeile bringt uns willkommene Abwechslung, alle treffen sich dort und feiern bei Getränken aus dem Bierkasten und Gebrutzeltes vom Grill!). Nun dann will ich noch kurz erwähnen, dass ich heute Unkraut gejätet habe, ein Antischneckenmittel (aus England – auf organischer Basis) ausgestreut, und das Gemüsebeet mit Saat bestückt habe.

Die weißen Fliegen und Raupen haben uns alles an Broccoli verdorben. Das machen wir nicht mehr!

Pflanz-Plan vom 5. Juni 2012

- Maggie-Pflanze von Frau Feuerherd
- Sprouts – Rosenkohl (sehen leider mickrig aus)
- Runner beans – grüne Bohnen je 2-3
- Rocket – Rucola Salat
- Krauser Salat, Rosso

11th June 2012

Steingarten – West Wand/Hof. We have now planted some little flowers, of various types, over the rocks in the back. Hopefully they will grow and make it look a bit like an English stone wall. The flowers are *Pink Eye, Dianthus, Hutchinsia.*

Auch ist ein weißes `Moorsteinbrech´ ganz unten links, dass `Saxifraga x Arendsi´, oder auch `White Star´, heißt. Alle sind als winterhart beschrieben. Allerdings bin ich mir nicht sicher, ob das auch für das blaue `Männertreu´ gilt; es sind zwei blaue Kissen.

Anm. Hat alles nichts gebracht, leider… die Hühner…die Hühner

19. Juni 2012

Die Bohnen (3 Stück) keimen bereits, das Wetter ist ideal!

Am Wochenende haben wir (Papa und ich) eine Englische Rose im Blumenbeet vor dem Haus gepflanzt. Sie ist aus dem Hause `David Austin´ und heißt `Harlow Carr´. Auf ihrem Schild steht: Perfekt geformte Blüten in reinstem Pink. Köstlicher Duft alter Rosen. Robust, gesund und üppig blühend (die Beschreibung könnte auch auf mich passen!). Mittelgroßer Strauch, Wuchshöhe ca. 1,25 m. Anm. Sie blüht rosa, hat viele scharfe Dornen, duftet traumhaft und ist unverwüstlich!

Die zweite Rose, die ich ebenfalls beim Raiffeisen Markt in *Ziesar* gekauft habe, ist eine Beetrose in Beige-Creme-farben, namens `Swany´. Sie stammt aus dem Hause `Meidenia´ und ist eine Französische Beetrose. Zurzeit hat sie ein paar Knospen und muss dringend in die Erde. Sie soll eigentlich den Rosenbogen verschönern, den wir ebenfalls am Wochenende aufgestellt haben. Er war im Angebot. Er ist ein Bindeglied zwischen dem Hof und dem Ruinen-Biergarten, in dem einmal ein `walled-garden´entstehen soll.

Anm.´Swany´ blüht vor dem Backhaus, zwischen dem Hochzeitslavendel und der wundervollen Rose ´Cecile Brunner´ (die uns Gandows geschenkt haben).

Gestern am Sonntag war es noch nicht so heiß wie heute (31°C im Schatten), auf Anraten von Helmut haben wir in der Ruine ca. 5-6 Reihen Backsteine gemauert, um die gleiche Höhe auf beiden Seiten zu bekommen. Auf dem ursprünglichen Maschinenraum der alten abgerissenen Fachwerkruine (Nord-Süd) wollen wir eine Art Hochsitz für unseren Sohn bauen lassen. Jakob wollte eigentlich ein Baumhüttchen, aber uns fehlen dafür die passenden Bäume. Und so haben wir unseren lieben Helmut gefragt. Er war früher Lokomotivführer, nun ist er schon lange in Pension und baut und zimmert die wunderbarsten Sachen. Sogar einen Traktor hat er sich gebaut. Herr Gandow meint, Helmut sei der ´Daniel Düsentrieb´ von Buckautal. Nun denn, der besagte Ausguck wird hoffentlich pünktlich zum 11. Geburtstag fertig sein.

Und die Rosen blühen hoffentlich alle so schön wie die wundervolle ´New Dawn´. Sie blüht wie verrückt und duftet wunderbar!

Ich muss auch noch erwähnen, dass ich jeweils einen hellen und einen dunklen Weinrebenstock gepflanzt habe. Es gab sie bei *EDEKA* in *Ziesar* und haben je nur 6,50 € gekostet. Sie sollen essbare, wohlschmeckende Trauben, hervorbringen. Wir müssen einen langfristigen, festen Standort für sie haben.

Anm. Beide Weinreben wachsen gut an der Ruine und tragen kiloweise köstliche Weintrauben, ein Highlight!

21. Juni 2012, Jakob´s 11. Geburtstag

Hurra, die neue *Stockrose* hat erste Knospen. Sie steht genau an der Eingangstreppe. Anm. Immer um Jakob´s und meinen Geburtstag herum, zeigen sich nun die Blüten der Stockrosen. Auch die Rosé-farbene *Primrose* aus *Gargrave* zeigt endlich Blüten. Die Blumen muntern mich auf. Morgen habe ich einen Probearbeitstag in einem Blumenladen in Rogäsen bei Bad Belzig, um 8:15 Uhr soll ich da sein. Heute ist auch der 11. Geburtstag meines Sohnes und ich kann mich gar nicht freuen. Emotionen überwältigen mich. Regenwolken. Seit Tagen hat es geregnet. Heute sollte eigentlich eine Regenpause sein, sodass wir zu 18 Uhr Freunde aus dem Dorf eingeladen haben: Leon, Mike, Alex und Thomas. Ein Lagerfeuer wollen wir machen, Stockbrot (oh je, ich muss den Teig ansetzen) und grillen. Morgen Abend wollen wir dann das neue `Dirtbike´ abholen. Übrigens essen wir jetzt nur noch Salat aus unserem Garten, er wächst und schmeckt wunderbar.

Drei Mohnblumen hat mir Jakob heute an seinem Geburtstag geschenkt. Darüber habe ich mich so gefreut. Mein Sohn ist das größte Geschenk für mich in meinem Leben.

20. Juli 2012

Eine andere Stockrose blüht in ebenso zauberhafter Farbe: seltenes Burgunder Rot, fast Dunkellila. Meine anderen Rosen, die ich u.a. zum Geburtstag von meinen Nachbarn bekam, blühen auch. Das heißt, die Kletterrose `Cecile Brunner´, die vor dem Backhaus eingepflanzt ist, blüht noch nicht. Gleich daneben sind Lavendel und die französische Beetrose, die weiß-Creme blüht. Calendula blühen wie verrückt, und Kapuzinerkresse in allen Farben. Unser Garten im Hof wird auch schön, ich habe dort die Hortensien eingepflanzt, die ich zu meinem 46. Geburtstag bekam: Eine in zart-Rosa, wie Porzellan, mit dunklen Stengeln, blüht bereits üppig. Sie stammt von Kerstin und freut sich inzwischen über den Standort gleich neben der Eingangstreppe. Die Hellrosa farbene (von Frau Feuerherd) habe ich neben den Rosenbogen gepflanzt. Immerhin hat sie bereits eine neue Blüte.

23. Juli 2012

Wir haben heute zum ersten Mal unser eigenes Heu gemacht. Ich bin todmüde! Trotzdem hat es Spaß gemacht. Jakobs neue Freunde aus der Muna haben uns geholfen. Zum Ende sind die drei obendrauf (mit unserem Hund) auf dem Heuwagen gefahren, es hat sie alle ganz schön durchgerüttelt, mussten sich doll festhalten. Ich kam mit dem Auto kaum durch die Wiese, bei der Berg- und Talfahrt. Frau und Herr Menz haben uns netterweise ihren kleinen alten Heuwagen ausgeliehen. Frau Menz ist bereits über achtzig Jahre und hilft immer noch so emsig beim Heuen. Sie mag mich, schenkt uns oft Brot und Kuchen, hängt alles im Beutel an die Tür oder legt es auf das alte Brot für die Hühner obenauf. Zu anderen im Dorf hat sie wohl kaum Kontakt. Bin froh, dass ich Kontakt zu ihr habe. Morgen geht's weiter: Früh mit dem Heu und nach dem Mittagessen kommt Olaf und hilft uns weiter mit dem Zaun. Er sieht schon gut aus. Das Heu ist gut geworden, ein Erfolg, Gott sei Dank!

24. Juli 2012

Ein weiterer heißer Sommertag im Heu! Obwohl es bereits 22 Uhr abends ist, höre ich noch immer die Motorengeräusche der Landmaschinen. Die Agrargenossenschaft scheint Nachtschichten zu fahren, um all ihre jetzt reife Ernte einzufahren. Das Wetter ist zurzeit brillant! Sonne knallt einem aufs Hirn, man braucht einen Hut (Basecap) und Sonnencreme. Den ganzen Tag waren wir wieder damit beschäftigt, die Kinder aus der Muna haben uns wieder geholfen. Helmut hat uns ein Elektroakkugerät für das Tiergehege mitgebracht, es lag bei ihm rum. Ich habe ihm 25 € dafür gegeben. Wie gesagt, Helmut war früher Lokomotivführer und kann allerlei Geschichten erzählen, über die Zeit, als die Bahnstrecke noch kein Fahrradweg war. Helmut baut allerlei Nützliches aus Holz, unter anderem Tore für unsere Koppel. Vier Tore werden es sein. Die Scharniere hat er aus Metall selbst geschmiedet. In seiner Werkstatt ist eine vorbildliche Ordnung. Papa hat sich beim letzten Besuch alles genau angesehen und war sprachlos. Handwerkszeug sind nach Größen sortiert etc. etc. Obwohl er gute Arbeit leistet, sind seine Preise recht human.

Übrigens habe ich gestern an unserem Test-Beet bei allen Broccoli die langen Köpfe abgeschnitten, sodass (hoffentlich) die Seitentriebe sprießen können.

Auch habe ich vor ein paar Tagen die Tomaten vom Topf ins Beet gesetzt. Es sind sogar schon Tomatenfrüchte zu sehen. Sie brauchen viel Wasser, allerdings dürfen die Blätter dabei nicht nass werden, nur die Wurzeln. Eine Überdachung, die trotzdem einen Sonnenplatz garantiert, ist die Lösung des Rätsels; und mindestens einmal täglich Gießen!

Unsere Bohnen wachsen gut, man sieht schon rot-orange Blüten. Oliver meint, wir müssten die Bohnenblüten entfernen. Auch ich hatte an dem Platz, wo die Zwiebeln waren, die Tomaten gesetzt und Möhren ausgesät. Die Ausbeute der ersten Möhrenernte war jämmerlich. Wir hatten sie zu nah an den Steinplatten ausgesät. Die Zucchini können wir bald ernten. Das Kräuterbeet gedeiht auch prima.

1. August 2012

Diese Woche haben wir unsere ersten Zucchini gegessen, sehr lecker! Jetzt wo der Zaun fast fertig ist (Helmut hat die Tore gebaut, Olaf hat beim Aufstellen geholfen. Oliver und ich haben die rund Einhundertzwanzig Pfosten zu verantworten!!!), können wir einen richtigen Gemüsegarten anlegen. Es soll ein Forest-Garden auf der rechten Seite entstehen, unter den Apfelbäumen. Entlang der Zäune wollen wir Himbeeren und Brombeeren pflanzen. Für den Boden brauchen wir einen Pflug. Oder per Pferd pflügen? Welche Tiere werden wir halten können?

Ergänzende Angaben zu einem der neu gepflanzten Bäume, direkt vor der Koppel: *Prunus cer. Morellenfeuer, CAC, Sauerkirsche*, frühe Reife, große Frucht – eines der Einweihungsgeschenke meiner Eltern. Bereits seit einem Jahr sind wir nun schon hier! Genau am 9.August 2012. Kaum zu glauben, denn es kommt uns viel länger vor.

14. August 2012

Heute hatten wir wieder viel zu tun. Erneute Heuernte. Diesmal bat uns unsere direkte Nachbarin, eine der Dorfältesten, die gute Seele, wir schreiben uns ab und an ein kurzes Briefchen hängen uns gegenseitig Brot oder Eier oder anderes an die Türklinken, Ilse Menz zu helfen ist immer eine Freude und Selbstverständlichkeit. Bei ihr geht es vorrangig darum, dass sie es wieder schön ordentlich hat. Sie ist die Einzige, die auf ihrem großen Hof noch übriggeblieben ist. Ihren Mann hatten wir noch kennengelernt. Er konnte sich noch an das allererste Haus auf unserem Hof erinnern, das wohl um Einiges kleiner war als das jetzige. Und so helfen wir unserer direkten Nachbarin, das von einem weiteren Nachbarn geschnittene, und seit Tagen bis zum Knistern getrocknete, Heu zusammenzuharken. Es war spät geworden, nach 21 Uhr. Gerade noch bei letztem Licht konnten wir das letzte Heu einfahren. Jetzt steht der Heuwagen im Hof, wir hatten keine Kraft mehr. Abladen wollen wir am Nachmittag, wenn Jakob und seine Freunde von der Schule zurück sind.

Auch habe ich heute das Blumenbeet vor dem Haus vom Unkraut befreit, es war einfach nicht mehr auszuhalten. Dabei habe ich einige von den Ringelblumen und Kapuzinerkresse rausgenommen, es wucherte! Die erste kleine Knospe von Gandows Rose, hat sich heute gezeigt. Die Blüte ist so zart und klein, wie mein kleinster Fingernagel! Ein zauberhaftes pudriges Hellrosa. *Cecile Brunner* nennt sich diese edle Rose, mit zartem Duft aus dem Hause *David Austen*.

Oliver hatte mit Helmut die letzten Gatter montiert, eine Sauarbeit, weil sie ein paar Fehler gemacht hatten und alles wieder abgeschraubt werden musste. Auch ist das Gatter auf Menzes Seite zu schmal, sodass wir einen weiteren Pfosten setzen müssen. Übrigens sind die Pflaumen köstlich!!! Jeder Baum schenkt uns ein anderes Aroma.

Man kann sich gar nicht entscheiden, welcher Baum die leckersten Pflaumen hat.

Die Vorbereitung der Pfosten für die Koppelzäune mit Akazienholz.
Das Heu muss knistern, dann ist es frisch.

24. August 2012

Heute habe ich Dalien gekauft. Sie sind noch recht klein, sehen hübsch aus. Weiß nicht so genau, welchen endgültigen Standort sie bekommen werden. Unsere Bohnen schmecken lecker, sie sind recht groß. Die Kirschtomaten sind auch reif für die Ernte, schmecken lecker, fast süßlich. Das Kräuterbeet macht mir die größte Freude, und ich ernte fast täglich.

Rosmarin habe ich ganz klein geschnitten und nach Michas Rezept Haremszucker gezaubert: Rosmarin, Pfefferkörner, Zimt, Wacholderbeeren, Kardamom, Nelke. Alles im Mörser gut vermengen, bis es eine Masse geworden ist. Dann nach Belieben den braunen Zucker (ca. eine halbe Tasse) damit verrühren. Mit diesem göttlichen „Haremszucker" genieße ich meinen Kaffee (oder Tee) – herrlich!!!

Anm. Es ist so leicht, einen Haremszucker selbst herzustellen und er bringt so viele schöne Momente in den Alltag, hilft mir den Moment bewusster zu genießen und meine Batterien wieder aufzuladen. Jede Pause wird so zu einem Highlight. Im Teil III Kochrezepte, findet ihr die Anleitung.

29. August 2012

Es ist kurz nach Mitternacht und ich kann wieder einmal nicht schlafen. Bin in der Küche, trinke Milch und Kater Kaja sitzt auf meinem Schoß. Er will wohl auch welche.

Vielleicht liegt es am zunehmenden Mond, weshalb ich nicht schlafen kann. Vielleicht bin ich auch aufgeregt, weil am Morgen die ersten Schafe geliefert werden. Es werden drei tragende Mutterschafe sein, davon ist eines schön dunkel, fast schwarz. Schwarzkop-Suffolk-Mix. Die Nachbarn meinen, wir sollten uns den Zirkus mit dem Bock ersparen, da einem ständige Rammelei und der Gestank wohl schnell auf den Geist gehen kann. Aber all das müssen wir wohl selbst erfahren, um irgendwann alt und weise werden. Heute habe ich Sieben Kilo Pflaumen geerntet und fast alle eingefroren. Die 2 kg, die ich vor wenigen Tagen geerntet habe, warten im

Kühlschrank darauf, zu Pflaumenkuchen mit Zimt und Zucker verarbeitet zu werden.

Eigentlich hat es zu wenig geregnet in diesem Sommer.

Oliver und ich sind oft die Arme lang geworden, beim Hin und hertragen der Gießkannen und Eimer. Manchmal benutzen wir unser Badewasser, um sparsamer zu sein. Es ist doch eine Schande, wenn man an Menschen denkt, die kaum Wasser zum Überleben haben. Schande!

Brunnen bauen! Wir auch! Wir kriegen unseren Brunnen im September gebohrt, habe das bereits mit Frau Feuerherd gegenüber besprochen. Die haben so ein Gerät, um einen Brunnen zu bauen. Einige Hundert Euro wird uns der Spaß an Spesen kosten, aber das ist das Wasser, und die langfristige Ersparnis, allemal wert. Der Hof, die Tiere, die ersten Ernten wie Bohnen, Broccoli, Tomaten, Kräuter und vor allem Zucchini, machen uns so viel Freude.

Inzwischen habe ich bereits richtige Bauern-Hände! Trotzdem. Eines Tages wird Jakob alles erben und hoffentlich wird ihm all die Arbeit, die zwangsläufig damit verbunden ist, nicht zu viel. Land sollte man nie verkaufen, höchstens verpachten, wenn es einem selbst zu viel wird. Auch merke ich meine Knochen.

Wir haben den alten Holzschuppen auseinandergenommen. Bete zu Gott, dass er uns nicht begräbt! Das Gerüst, das aus alten Balken besteht, scheint soweit noch okay zu sein. Daraus ein Gewächshaus zu machen, das wäre traumhaft.

13. Januar 2013

Der Garten schläft. Die Geranien überwintern im Flur. Hatte aufgrund des milden Wetters zu Silvester, alle Rosen beschnitten.

23. Januar 2013

Der Garten schläft noch immer. Alle Kräuter sind per Topf im Keller. Bin froh, dass ich sie frisch eingefroren hatte, so haben wir noch Reserven zum Kochen. Besonders der Salbei macht uns Freude. Wir haben so viel davon, dass wir ihn gern an meine Brüder und an Freunde verschenken. Die Frühlingsblumen strecken die ersten grünen Stile gen Licht (durch den Schnee ist alles sehr hell). Die Rosen, Flieder und Obstbäume (auch Stachelbeere) profitieren nun von unserem Pferd, dass wir seit dem 17. Januar haben. Gusev heißt nun Joey und kommt vom Trabrennfahrer-Hof „Gusdas" aus Schünow bei Zossen. Er ist ganz wunderbar. Dunkelbraun mit kastanienbraunem Schimmer, auf der Stirn ein kleiner weißer Stern (fast schon eine Flocke), lange, dicke Mähne und Schweif. Ein Tag später und er wäre beim Schlachter gelandet, nur weil er sein Geld nicht mehr eingefahren hat.

13. Februar 2013, Aschermittwoch

Es liegt noch immer viel Schnee und die Temperaturen scheinen gleichbleibend bei -6°C bis -2°C. Der Boden ist steinhart. Und trotzdem beobachte ich, dass bereits Knospen an unseren im He gesetzten Fliederbäumen zu sehen sind. Ich hatte den großen Fliederbusch am Zaun zu Frau Menz beschneiden müssen (natürlich nach vorheriger Absprache) und die Äste versuchsweise für 2-3 Tage in der Regentonne getränkt und dann an verschiedenen Orten auf dem Innenhof und vor dem Haus eingepflanzt. Nun sind die Knospen für mich eine absolute Überraschung. Ich hatte ehrlich gesagt nicht damit gerechnet. Anm. Nix geworden!

Der alte Holzschuppen, beziehungsweise das Balkengerüst, das noch übrig ist, sieht noch gar nicht nach Gewächshaus aus. Wir werden wohl noch Hilfe benötigen, um bei der Sicherung der vorhandenen Balken keine Fehler zu machen. Die Dachlatten müssen auch neu angebracht werden, damit wir ein durchsichtiges Plastikdach aufschrauben können. Ich bin sicher, wenn der Anfang gemacht ist, wird es ein Kinderspiel sein und das Ergebnis wird wunderbar.

Anm: es musste abgerissen werden, Einsturzgefahr!

Nur gibt es auch im Haus noch so viel zu tun, z.b. Bad, Küche, Kinderzimmer, Heizung oben etc. Wir brauchen Hilfe.

22. April 2013

Die Zeit scheint zu rasen. Bald schon sind wir im Monat Mai und unser Feld ist gerade heute fertig gepflügt. Wir hatten einen sehr langen Winter, der ziemlich kalt war. Bis nach Ostern hatten wir viel Schnee. Aber nicht nur hier, überall im Land. Nun sind wir alle sonnenhungrig und genießen jede freie Minute draußen. Die Temperaturen waren nun bereits bis 24°C. Heute waren es 17°C und wechselnd bewölkt mit warmem Wind. Das Gras kann gar nicht so schnell wachsen, wie die Tiere es brauchen. Unsere sieben Schafe sind bereits bei Dani und Sandra und grasen dort (nach langer Umzugsaktion: 6 Helfer!).

Heute haben wir ein paar Beerensträucher gepflanzt: Brombeere, Himbeere, Blaubeere und Johannisbeere (rot). Sie sind im Karree zwischen den jungen Kirschbäumchen. Alte, ausgediente Balken vom ehemaligen Stall (Ruine) dienen nun als Einfassung. Wir haben die Form eines Fisches gewählt (man könnte es christlichen Hintergrund nennen, obwohl die Form doch eher willkürlich entstand). Jakob hat mitgeholfen. Auch habe ich Kürbisse und Kapuzinerkresse gepflanzt (gesät). Die anderen vorgezogenen Pflänzchen müssen auch in die Erde. Dafür muss vorher ein Hühnergehege gebaut werden. Die Frage ist nur, wo. Oliver fliegt Übermorgen nach England. Wie kann er das schaffen? Unmöglich.

Anm. Die Beeren haben sich etabliert, ich hoffe 2015 mit der ersten Ernte! Die unverwüstlich rankenden Beerengewächse scheinen mehr und mehr zu Wuchern. Da es aber im Sommer immer zu trocken ist, und wir auch immer vergessen diese Beerenmonstergewächse bei der täglichen Bewässerung des Gartens miteinzubeziehen, dürfen wir uns nicht wundern, wenn es nur stachelige, ungeliebte Gewächse bleiben, die keine Früchte tragen...

20. Juli 2013

Wir haben heute drei Linden gepflanzt, in der Nähe der großen Laterne. Und so habe ich u.a. die Rosen beschnitten und die Linden im Blumentopf gerettet. In vielen hundert Jahren wird sich zeigen, ob sie überlebt haben.

Anm: Aus den Linden wurde nichts, zum Glück! Die Nachbarn haben ihre Linden fällen müssen, weil sie drohten deren Fundament anzuheben. Mal abgesehen vom vielen Laub, welches regelmäßig weggeräumt werden muss und das Licht, das einem im Haus genommen wird...

23. März 2014

Sonntagmorgen, ca. 7 Uhr. Ich sitze im Morgengrauen auf einem umgefallenen Baum. Eine Weide ist es nicht, auch keine Linde oder Eiche. Eine Buche kann es sein. Ich sitze fast auf einem Ast der Krone und habe Harpo bei mir; er soll sein morgentliches Geschäft nicht immer auf dem Hof machen. Ich finde es unhygienisch. Obwohl mir der ganze andere Mist unserer Tiere nichts ausmacht... Harpo will, dass ich mit ihm gehe und nicht hier sitze und schreibe, verständlich. Auf geht's!

Der Nebel hängt noch über den Wiesen des Buckautals. Die *Buckaue* fließt wieder schneller, es muss geregnet haben in der Nacht. Auch höre ich das Wasser der Mühle rauschen. Wie gern hätte ich die alte Burg von Buckautal mit eigenen Augen gesehen. Wenigstens eine Skizze, ein Bild. Der morastige Boden soll es Angreifern unmöglich gemacht haben, sie jemals einzunehmen. In der alten Chronik, die Werner mir netterweise ausgeliehen hatte, konnte man Stichpunktartiges nachvollziehen. Alte Lehrer haben wohl Notizen gemacht. Zum Glück.

Gestern gab es eine Hochzeit! Unser Nachbar, Mario Lenz hat sich getraut, mit der hübschen Krankenschwester. Es stand ein schmucker Oldtimer, creme-weiß, vor dem Haus. Sehr stilvoll. Es wurde Zeit!

Nun will ich wieder zu meiner alten Liebe, den Gedichten, zurück – hin – finden.

Wie viel Musik die Natur uns bringt,
die Raben streiten sich,
Meisen, Specht, Gänse,
das Rauschen des Baches,
der fast schon ein Fluss ist.
Da, ein Hahnenschrei,
und noch einer
und zum dritten!
Wie auf Befehl
erhebt sich die Sonne
zum Gruße,
scheint aufs Papier
lässt den Tau auf den Gräsern
wie Diamanten leuchten.
Selbst der Hund, der mit mir ist, sitzt still
und nimmt all das Schöne in sich auf.

23. Mai 2014

Es ist Sommer, der Duft der Lindenblüten ist süß und betörend. Ich bin gerade beim Film-Set für den Kinofilm „Ich bin Du" bzw. „Seitenwechsel", in dem ich einen VIP spielen werde (Komparse). Ich war bereits beim Schminken, bzw. fürs Hairstyling in der Maske. Die Visagistin hat mir ihre Karte gegeben, weil sie es toll findet, dass wir auf einem (Bio-) Hof leben und arbeiten. Sie selbst zieht auch Gemüse und Pflanzen.

Anm. In dem Film bin ich tatsächlich für wenige Sekunden zu sehen, als bei den geladenen Fußball-VIPs eine Rede gehalten wird…

Nachdem Helmut bei uns den Kartoffelacker vorbereitet hat, ist alles Weitere von Oliver und mir vorbereitet worden. Rund 150 kg Kartoffeln werden wir im Herbst ernten können.

Auch habe ich ein kleines Gemüsebeet angelegt: Paprika, Tomaten, Zucchini, Kräuter, Rosenkohl, Broccoli, Salat und Kohl. Auch habe ich Blumen ausgesät und hoffe, dass es was wird. Bartnelken fand ich früher eher langweilig, aber anscheinend ändern sich die Vorlieben im Laufe eines Lebens.

Anm. Nie wäre ich selbst auf den Gedanken gekommen, Bartnelken zu säen, wenn wir sie nicht als Überbleibsel der SPD-Werbung bekommen hätten…Hunderte Samen-tütchen, Bartnelken, Dill, Bartnelken und Dill…alles nix geworden…sicher waren die schon zu alt. Die SPD mag ich dennoch.

7. Oktober 2014

Es ist Vollmond und ich kann wie so oft nicht schlafen. Trinke Kakao und esse eine Banane, wie so oft, wenn ich nachts wach bin. Wonky, unser Mausekätzchen ist auch wach und auch ihre Schwester Crumbles. Dieser

Vermerk müsste in eins der drei anderen Bücher, über TIERE. Nun zu diesem:

Der erste Vermerk/Eintrag war über die Obstbäume. Leider sind davon nicht mehr viele lebendig. Unsere Schafe bzw. Ziegen haben, wenn sie mal ausgebüchst waren, die Gelegenheit genutzt und sich bedient. Es ist nur noch ein selbstgezogener Kirsch- und zwei Apfelbäume, die sich vom „Überfall" erholen. Zum Teil hat auch die Rinde gelitten. Der Apfelbaum, den Gabi Rauert Jakob zur Taufe geschenkt hat, scheint sich zu etablieren. Wenn auch die Ernte sehr spärlich ist (1-5 rote Äpfel). Es sind, apropos Ernte, über 200 kg Kartoffeln, die wir, dank Roberts Bemühungen, ernten konnten. Weiße und rote Kartoffeln, festkochend, in allen Größen (und Formen).

Samstag hatten wir Lachs mit kanarischer Mocho in Knoblauchbutter und dazu die kleinen „Papas arugadas", und Salat. Köstlich! Vom Gemüsebeet kann ich sagen, dass aus der weißen Kohlfliege (massenhaft!) ganz schreckliche Raupen geworden sind, die den Broccoli, und auch die 5 Rosenkohlpflanzen sehr lecker fanden. Auch der Salat war nicht besonders gewachsen, nur ein paar Beilagen-Blätter. Was gut kam, waren die beiden Zucchinipflanzen, die uns den ganzen Sommer unermüdlich mit Zucchinis versorgt haben. Man kann sagen, pro Woche 3 Zucchinis, und selbst jetzt, Anfang Oktober, wachsen noch ein paar und im Kühlschrank lagern weitere und warten auf neue Rezeptideen. Selbst Kuchen habe ich von Zucchini gebacken.

Die Bohnen kamen auch gut, Buschbohnen. Die Stangenbohnen haben mir unsere aktiven Hennen verdorben, die natürlich nach Keimen und anderen Leckereien suchen. Wir brauchen dringend einen Hühnerauslauf!

So habe ich noch weitere 10 Buschbohnenpflanzen gepflanzt und sie scheinen uns über den Winter zu versorgen, passend zu köstlichen Lammbraten, die wir an Sonntagen genießen (mit Yorkshire-Pudding). Auch ist Mangold sehr gut geworden, wir hatten eine gute Ernte über viele Wochen. Die bunten Farben der Stiele, Orange, Gelb und Rot, machen sich richtig schön in der Pfanne. Und schmecken natürlich auch.

Spinat ging auch prima, habe noch welchen eingefroren. Tomaten sind alle misslungen, weil sie nass geregnet wurden; wir Dummerchen hatten die Pflanzen nicht überdacht. Rote Beete war auch mickrig. Dafür kamen die Paprika-Pflanzen recht gut und bringen auch jetzt noch ab und an eine kleine Paprika. Sie gedeihen so gut im Kräuterbeet, direkt an der neuen Terrasse. Im Kräuterbeet wuchert Salbei, Pfefferminze, Melisse, Rosmarin, Thymian, Oregano. Basilikum wurde allerdings nichts.

Auch Johanniskraut wächst gut, muss mal einen Tee davon kochen und es vorher trocknen. Salbei und Pfefferminze geben großartige Tees und Aufgüsse zum Inhalieren.

Unser Rosenbeet hat sich gut entwickelt, trotz einiger Störungen beim Terrassenbau. Eine neue Kletterrose ist hinzugekommen, eine gelbe: „Graham Thomas" von David Austen. Sie ist angeblich zur Weltrose gekürt worden, wusste ich nicht. Ich hatte sie als 10 € Schnäppchen bei Raiffeisen ergattert. Auch bin ich gespannt auf die Kletterrosen am Rosenbogen, die wir als Ableger von dem netten Ehepaar aus Rosenau bekommen haben. Wir hatten Pflanzen gegen Lammfleisch getauscht. Ihre Buche wächst auch, muss aber einen anderen Standort bekommen, mehr in dem hinteren Teil des Gartens, wo sie sich noch besser ausbreiten kann.

Lavendel scheint sich Jahr für Jahr besser zu machen. Vor Mamas und Papas Schlafzimmerfenster habe ich geplant, um die drei Rhododendren Rindenmulch zu verarbeiten, und mit Steingartengewächsen, wie Fette Henne, Veilchen u.a. noch zu auszuschmücken. Ein paar schöne große Steine dazu und Ziergräser. So braucht Papa nicht mehr um die Pflanzen herum zu mähen. Habe bereits alles besorgt!

Hatte noch vergessen zu erwähnen, dass wir in diesem Jahr unsere ersten hellen Trauben ernten konnten, süß und saftig, fest und kernlos. Was will man mehr? Der Wein rankt über die Ruine, und wenn unsere beiden Ziegen, Maggy und Liesel nicht wieder über die anderen Reben herfallen, so haben wir im nächsten Jahr, toi-toi-toi, ebenso rote Trauben.

Von der Pflaumenernte haben wir Kuchen gebacken und Hustensaft gebraut (mit Ouzo und Rum und Zucker) Pfui-Teufel! Aber einige meinen, er würde von Probe zu Probe besser werden.

12./13. Oktober 2014

Wie so oft, wenn ich schreibe, ist es Nacht. Die beiden Kätzchen leisten mir Gesellschaft im schwachen Licht einer Kerze. Ich wollte nur eben festhalten, dass ich gestern ein neues Beet mit Rindenmulch angelegt habe. Unterhalb der Fenster von Ma & Pa, wo die *Rhododendren* wachsen, die wir uns zum fünften Hochzeitstag geschenkt haben. Drei verschiedene Farben. Nun ist es doch schwierig gewesen, vor allem für Papa, immer drum herum den Rasen zu mähen bzw. all die Brennnessel zu entfernen. Und so habe ich mit Marions und Corinnas Hilfe, den Teppich aus Rasen und Unkraut, sowie Brennnesseln, entfernt. Es war Schwerstarbeit! Sobald der Rindenmulch verteilt war, habe ich drei Erika, Heidekraut, einen Thymian, einen Lavendel, Ziergras, Fette Henne und viele schöne Steine platziert. Es sieht toll aus! Ein richtig schöner Steingarten.

Selbst jetzt, um 4.54am in der Nacht, höre ich große Wagen umherirren, weil die Frosch-Tunnel-Baustelle am Forellenhof keine ausreichende Umleitung ausgeschildert hat. Auch ich muss täglich zum Gut Schmerwitz 20 km mehr in Kauf nehmen. Ich arbeite dort im Büro und im Hofladen. Das einzig Positive, ich habe die Steingartenidee durch diese Umleitung bekommen, aus Gräben. Sogar eine Nachbarin hat dadurch einen neuen Lover kennengelernt, beim Erklären, wie er am besten fährt… sie ist sehr verliebt! Es sei ihr gegönnt.

Anm. Meine Nachbarin hat nun endlich ihren Prinzen über Parship kennengelernt. Der andere war ein…nicht der Richtige…Good luck!

27. Juli 2015

Ich sollte hier doch wieder mehr über das schreiben, was ich eigentlich wollte, über die Gartenarbeit und alles, was mich im Garten so erfreut und beschäftigt. Zurzeit sind wir mit Sibylle, Finrot und Jakob bei Beta-Renate in Eckernförde. Hier bewundern wir die Stockrosen, die es überall in allen Farben zu geben scheint. Auch Rosenstöcke sind zu bewundern. Beta-Renate selbst hat einen Schrebergarten, den wir uns bald ansehen. Zu Hause in Buckautal wachsen die Zucchinis. Ich hoffe, dass Oliver nicht vergisst sie zu ernten, sie wachsen täglich mächtig gewaltig.

Unsere Rosen zu Hause sind traumhaft. Allerdings war das Wetter so heiß, dass die Rosen darunter gelitten haben. Es waren fast 40°C im Schatten. Nun habe ich endlich *David Austin* Rosen an der rekonstruierten Backsteinmauer pflanzen können. Oliver hat so viel Energie investiert: Erst das 80cm tiefe Fundament, dann die Steine aus der Ruine des alten Pferdestalls abbauen, und dann erst konnte er sie verarbeiten. Und dann erst durfte ich meine Rosen davor anpflanzen!

Auch haben wir Ziegel verwendet, die noch von Udo stammten. Zuletzt hat Herr Jahn aus Schlamau geholfen, die Mauer zu beenden. Circa acht Meter lang ist sie geworden. In Schmerwitz habe ich gekündigt. Nun bin ich wieder frei.

Was ich alles vor die Backsteinmauer gepflanzt habe:

- *Hosta-Hybride, Funkie Canadian Blue,* winterhart Grünpflanze
- Rose, *The Albrighton Rambler* (helles soft rosa)
- Rose, *The Lady Gardener* (helles gelb-apricot)
- Rose, *Wollerton old Hall*, Kletterrose (Myrreduft) rundliche, kelchförmige Blüten, heller Farbton
- *Spirea* rose, Prachtspiere
- Lavendel
- Zuckerfichte (Papas kleiner Weihnachtsbaum)

Links und rechts von der Mauer habe ich außen Ableger von wilden Astern gepflanzt. Sie scheinen sich langsam auszubreiten.

Anm. nicht alle Pflanzen vor der Mauer sind etwas geworden. Die *Funkie* wurde sehr bald von hungrigen Schnecken als Lieblingsspeise entdeckt. Die Prachtspiere hatten wohl zu wenig Licht. Da es die Nordseite ist, war es wie ein Experiment zu sehen, was ohne direkte Sonne wächst. Die Rosen halten sich tapfer, blühen auch ab und an. Aber man merkt schon, dass ihnen die Sonne fehlt. Im Sommer brauchen sie fast täglich Wasser, mindestens jeden zweiten Tag.

15. Oktober 2015

Plötzlich ist der Herbst da, mit recht winterlichen Temperaturen. Es ist so kalt, vor allem nachts. Ich habe meine Pflanzen, vor allem die Rosen, abgedeckt. Natürlich nicht nur mit Stroh, sondern auch mit getrockneten Pferdemist. So soll nun alles ruhen. Zuletzt hat mein lieber Papa noch *Tulpen* – und Zwiebelknollen der *Osterglocken* gesetzt. Rund ums Haus. Auch habe ich ein neues Blumenbeet mitten in unser Gemüsebeet gesetzt. Steine drum herum, damit sich unser Pferd nicht aus Versehen darin suhlt, wenn er ausnahmsweise hier grasen darf. Die Rosen haben mich in diesem Jahr besonders erfreut, mit unzähligen Blüten und köstlichem Duft.

Es ist gut, dass ich mich an die meisten Namen erinnere:

- *Amaizing Grace*
- *Graham Thomas*
- *Lady Gardener*
- *New Dawn*
- *Cecile Brunner*
- *Molineux*
- *Princess Alexandra von Kent*
- *Harlow Carr*
- *Swany*

29.Oktober 2015

Das Laub ist so hübsch bunt und trotzdem muss es nun dem Baum, der Blume, dem Strauch, seine Kraft zurückgeben und fällt zu Boden. Die Würmer fressen die Blätter, die am Boden liegen, beziehungsweise ziehen sie die Blätter in die Erde hinein. Der Kreislauf der Nährstoffe bleibt erhalten. Gott möge unsere Natur und alle vier Jahreszeiten auf ewig erhalten. Nur so sind wir, der Mensch, im Gleichgewicht. Apropos Gleichgewicht: heute am Freitag war ich, wie jeden Freitag um 19 Uhr, bei Roswitha, in ihrer kleinen Kapelle (Bauwagen). Es brannten Kerzen und die Armeedecken hielten uns beim Singen und Beten schön warm. Nur war auch noch „der Hamburger" anwesend. Während der Andacht war alles okay, aber anschließend…es gab ein großes Hallo, weil ich mal wieder den Dingen auf den Grund gehen musste. Es ist mein Naturell, ich kann nicht anders. Ich habe ihn direkt angesprochen, und meinte, ich hätte ein Gerücht gehört und wolle aber aus seinem Mund hören, ob es wahr ist.

An einem der großen Bäume direkt in der Einfahrt zur Pramsdorfer Straße hing ein Schild mit der Aufschrift: „Für Hamburger gesperrt!" (Mein Sohn hatte es auf eigene Faust wieder abgemacht, Bravo!) Und als der Dorfvorsteher, in der vergangenen Woche bei uns war, um meinem Mann, die Finanzordner und Buchhaltung der Kirchengelder (Schatzmeister) zu überreichen, so habe ich die Gunst der Stunde genutzt und ihn nach dem Grund des Verbotsschildes gefragt. Nun, er behauptet, dass „der Hamburger" Olaf angezeigt hätte. Er, Olaf, würde angeblich seinen Sohn misshandeln und daher hält jede Woche eine Ambulanz vor Olafs Haus und der Sohn wird anscheinend untersucht, der arme Junge. Herr R. hat es abgestritten, er hätte diese Anzeige nicht gemacht. Das finde ich ein starkes Stück. Falls es so ist, wäre das Rufmord. Ich habe den Eindruck, er ist sowieso ziemlich unbeliebt im Dorf, er macht sich keine Freunde damit, dass er glaubt, der Hüter des Gesetzes zu sein, alle ermahnt und böse Briefe schreibt. Aber wer ist schon ohne Fehler?

22. November 2015

Es wird Winter, wir haben die Wasserpumpe abgebaut. Obwohl wir bislang milde Temperaturen haben, so haben sie doch noch kältere Tage (und Nächte) angekündigt.

21. Februar 2016

Es regnet seit Tagen und es scheint noch viele Tage so anzuhalten. Der Winter war im Januar sehr kalt, mit Temperaturen bis Minus -16°Celsius. Aber irgendwie war es nicht so arg, habe es nicht so schlimm empfunden, wie die Jahre zuvor. Auch sieht man bereits Krokusse und Schneeglöckchen, die einem Mut machen. Ich brauche Sonne, sehne mich so sehr danach. Wenn man bedenkt, dass es in Afrika so gut wie keinen Regen gibt, so sollte man das Wetter immer auch von einer dankbaren Seite betrachten.

Oliver schwebt es vor, in ein paar Jahren in der Sonne zu überwintern. Am besten gemeinsam mit ein paar Freunden. Tanja und Ralf, sowie Verena und Frank haben ähnliche Überlegungen und vielleicht wird es ja wahr werden und wir schaffen uns ein Refugium im mediterranen Klima. Dort wächst alles natürlich noch viel besser. Hier in Buckautal gucken wir nach 4 Jahren und 6 Monaten noch immer auf die Ruine, d.h. den Teil, des Vierseitenhofes, der abgerissen wurde, weil er einsturzgefährdet war. Wir hatten schon überlegt, hier einen Pool zu bauen, aber das Geld ist nötiger, bei anderen Bereichen. Zum Beispiel musste ebenso das Dach vom Backhaus gedeckt werden. Auch sind wir grade dabei mit Hilfe von Mathias und Freundin Manuela den Fußboden in der oberen Küche und den Fluren mit Parkett zu verlegen. Ein Gewächshaus ist eines der größeren Projekte, das noch in diesem Jahr umgesetzt werden soll.

22. September 2016

Es ist schon Nachmittag und ich erlaube mir einen Tag der Muße, was eher selten vorkommt. Die Pflichten vereinnahmen einen völlig, was meiner Seele nicht guttut. Und so genieße ich die wärmenden Sonnenstrahlen eines zauberhaften Spätsommers. Der Sommer an sich, war recht schön und warm. Leider oft zu trocken. Aber wollen wir uns nicht beschweren, wenn man sich die Sommer 2008-2011 in England zurück ins Gedächtnis ruft: Verregnet und Grau! Hier in Buckautal hatten und haben wir wirklich angenehme Temperaturen, heute um die 23°C. Nachts allerdings schon recht frisch, zwischen 4° und 7° Grad Celsius, was manche Pflanzen gar nicht mögen. Sellerie z.b. mag es nicht so kühl. Und so habe ich bereits Töpfe bereitgestellt, in denen sie bald umgepflanzt werden sollen. Laut meinem Gartenmagazin „Kraut & Rüben" (Dank Beta-Renate), gedeihen die Knollen dort weiter, solange sie genug Wasser und Sonne abkriegen, evtl. an einer sonnigen Hauswand.

Unser geplantes Gewächshaus ist noch nicht vollbracht. Leider! Die Konstruktion der Balken würde zu viel Geld kosten, was wir momentan nicht haben. Ich hatte die Idee, statt Balken einfach gerade gewachsene Kiefern aus dem Wald zu verwenden. Man könnte evtl. die Borke sogar dranlassen, mich würde es nicht stören. Im Gegenteil! Hauptsache man kann die alten Fenster daran montieren.

Nun zurück zum Garten:

Das runde Blumenbeet in der Mitte meines angelegten Gemüsegartens, ist ein guter Anfang. Ein *Schmetterlingsflieder* hat sich gut etabliert und während ich dies schreibe, sehe ich ein halbes Dutzend *Pfauenaugen* dort speisen. Auch zwei *Admiral*-Schmetterlinge hatte ich in diesem Sommer zu Gast. Die *Königslilie* war ganz wunderbar und wuchs als Erste im Frühling, zusammen mit *Primeln* und *Narzissen*. Oliver liebt *Narzissen* (*Osterglocken*) so sehr, sie erinnern ihn an seine Heimat, wo sie zuhauf blühen und den Frühling einleiten. In *Leeds* im *Roundhay-Park* habe ich sie 2008 zu Tausenden bewundert und auch viele Dutzend mitnehmen können. Es war ein ganzer Arm voll und es war kaum möglich im Bus mit diesem Bouquet Platz zu finden. Sie lagen im Park am Boden, abgebrochen oder umgetreten und ich konnte diese unbeachtete Schönheit damals nicht einfach so achtlos liegenlassen.

Nun, wir haben auch Stiefmütterchen (zartes Hellblau) in diesem Rundbeet, eine Hortensie, eine Herbstannemone, eine weiße sternenförmige Blume von Freddy, Elfenspiegel, Calendula, Margeriten und Hyazinthen. Es gibt noch weitere Lilien in ähnlichen Farben, die ich allerdings aus Platzgründen separat angelegt habe.

Gemüse wächst in eingeteilten Beeten. Erdbeeren wachsen und vermehren sich wie wild, aber tragen leider nur wenige Früchte. Vielleicht habe ich im nächsten Jahr mehr Glück. Spinat wächst wie verrückt, sehr lecker, gebraten mit Kräutern und Ei als mein Abendbrot. Kohlrabi haben wir ebenso reichlich; habe sogar herausgefunden, dass man von den Blättern eine Suppe zaubern kann, die zehnmal so viel Vitamin C enthält, wie die Knolle (meiner Familie schmeckt sie zu gesund...). Erbsen sind lecker gewesen, leider sind sie früh vertrocknet, zu wenig Regen! Wirsingkohl werden wir wohl bis über den Winter essen können. Kohlrouladen hatten wir bereits, die sehr lecker schmecken, aber viel Arbeit machen.

Blumenkohl befindet sich noch in der Experimentierphase. Frau Walzog hatte mich ja gewarnt, dass es wohl nicht so einfach wäre, diesen anzubauen. Natürlich ist es ein täglicher Kampf mit den Nacktschnecken, die Tigerschnecken sollen wohl, genauso wie die Kröten und Frösche, die natürlichen Feinde der Nacktschnecken sein. Und so versuche ich erst gar nicht mit chemischen Waffen wie Schneckenkorn anzukommen...

Zucchini hatten wir natürlich ebenfalls, fleißig und lecker (zart geerntet) aber nicht so ganz ertragreich wie in den Jahren zuvor. Vielleicht lag es daran, dass ich in den zwei gekauften Exemplaren, sechs kleine Zucchinis entdeckt habe und nach dem Vorsichtigen Trennen eventuell die Partner gefehlt haben. Jedenfalls sind sie als Abendbrot ebenso eine leckere Alternative. Eventuell habe ich nicht erwähnt, dass ich in diesem Jahr fast 15 kg Gewicht verloren habe, was gewünscht war. Ich habe das Buch „Endlich Wunschgewicht" von Allan Carr gelesen und anscheinend ist diesmal der Groschen gefallen. Morgens nur Früchte zum Frühstück, d.h. hauptsächlich Ananas. Abends kein Brot. Wenn ich so überlege, esse ich so gut wie gar kein Brot mehr. Zurück zur Ernte:

- Rhabarber-Gelee
- Pflaumen-Marmelade (in diversen Varianten)
- Holunderblüten-Gelee
- Apfel-Birne-Gelee
- Apfelmus mit Zimt
- Gurken (Schlangengurke)
- Sellerie
- Fenchel
- Buschbohnen
- Ruccola

Kräuter gibt's natürlich auch:

- Thymian
- Oregano
- Basilikum
- Rosmarin
- Goldmajoran
- Lauchzwiebeln

Die neuen Obstbäume haben wir je zu zweit vor die Pferdekoppel gepflanzt:

- Malus „Dülmener Herbstrosenäpfel" (befruchter Cox)
- Malus „Danziger Kantapfel"
- Süßkirsche „Sunburst"
- Sauerkirsche „Morellenfeuer"
- Jakobs Tauf-Apfelbaum

Jakobs Alpfelbaum, den er zur Taufe im Herbst 2001 von Gabi Rauert geschenkt bekam, trägt schöne rote Äpfel; das haben leider auch einige Hornissen entdeckt, die diese wunderbar saftigen Äpfel regelrecht aushöhlen. Zurück bleibt nur die Hülle eines Apfels. So habe ich mich teilweise gar nicht an den Baum herangewagt, Hornissen sind nicht ungefährlich!

Jakob ist kurz vor unserer Reise nach England im August, von sieben Wespen im Heuboden gestochen worden. Auch jetzt schwirren sie noch rein und raus und wir können den Heuboden vorerst nicht betreten. Das war ziemlich gefährlich für unseren Sohn.

Eben schnurrte mein kleiner Lieblingskater „James" um meine Beine, auch er genießt die Sonne. Seine Schwester Ellie und ihn haben wir im Juni aufgenommen, sie wurden im April geboren. Sie sind getigert mit etwas längerem Fell. Ihre Mama, „Scarlet", ist eine Halb-Perser Dame aus Schopsdorf. Genug für heute, die Pferde wollen ihr Abendbrot und ich wollte noch mit Oliver und dem Hund einen Waldspaziergang unternehmen, um nach Pilzen zu schauen. Vielleicht haben wir ja Glück.

Lilien: Im Mai 2017 von Papa und seiner Schwester Roswitha aus Polen/Posen von einem Blumenmarkt mitgebracht:

- *Blue heaven*
- *White cloud*
- *Red fire*
- *Golden wedding*

15 cm tief pflanzen, sonniger Standort

Mai 2019

Die Lilien sind an dem Platz, wo ich sie gepflanzt hatte, leider sofort von Rot-orangen Käfern gefressen worden. Sie hatten keine Chance, weder Blätter noch Blüte. Sie müssen anscheinend sehr wohlschmeckend sein. Die Blumenzwiebeln hatte ich im vergangenen Herbst ausgegraben, damit sie an einem anderen Standort eine weitere Chance bekommen. Nun kann ich sehen, wie sie wachsen und beobachte beim (fast) täglichen Gießen, ob auch ja nicht gefräßige Käfer gefolgt sein könnten. Sogar die Knospen scheinen sich nun gut auszubilden und ich bin schon sehr neugierig, sie doch nun endlich mal in voller Pracht sehen zu dürfen. Vielleicht kann ich sie auch fotografieren!?

Nun wollte ich noch erwähnen, dass mein lieber Papa in diesem Frühjahr ganz aktiv einen Gemüsegarten angelegt hat. Natürlich haben wir alle auch etwas mitgeholfen, aber die Hauptarbeit hat er ganz eigenständig geschafft. Vorher hatten wir einen Flechtzaun aus Baumschnitt unserer „Allee-Bäume" genutzt (also wieder einmal recycelt). Es war gar nicht so leicht, gerade gewachsenen Äste zu finden, die man als Pfosten gebrauchen konnte. Oliver hat uns zwei richtig kleine Türen dazu eingebaut, ca. 60 x 50 cm aus festem Metallgitter und hat sie mit der Zange und einem stabilen Draht befestigt.

In dem Gemüsegarten, der eine Größe von ungefähr 9 x 8 Meter umfassen, haben wir unser rundes Blumenbeet im Zentrum gelassen. Davon gehen strahlenförmig die Beete aus, die unterschiedliche Größen haben. Wir haben die Wege zum Laufen (besser gesagt zum Hinknien) gelassen. Die Erde hatten Papa und Jakob umgegraben, haben getrockneten Pferde Dunk untergemischt und anschließend haben wir ein schwarzes Unkrautflies auf die Beete gelegt. Das soll verhindern, dass Unkraut nachwächst. Wollen wir mal hoffen, dass es stimmt! Dann haben wir einen richtigen Plan gemacht. Vorher haben wir uns natürlich in der Gartenliteratur eingehend informiert, was zusammen im Fruchtfolgebeet gepflanzt werden sollte und welche Gemüsearten nicht zusammenpassen.

Alles Wurzelgemüse passt zusammen, wie Karotten und Parsnip, oder andere Rübenarten, wohl auch Radieschen. Kohlsorten passen zueinander, wie Kohlrabi und Wirsingkohl (Savoy Cabbage). Dazu haben wir Mais gepflanzt, der allerdings von dem Nachtfrost zu viel abbekommen hat und somit leider nur zwei von rund Dreißig vorgezogenen Pflanzen überlebt haben.

Heute habe ich nun neue Maiskörner als Samen in die Erde gegeben und hoffe sehr, dass es diesmal gelingt. Wir essen doch so gerne Popcorn und Maiskolben. What else? Ja, erfroren sind auch die Zucchini-Pflanzen. So haben wir nun auf dem Wiesenburger Blumenmarkt am 12. Mai (Muttertag) neue Pflänzchen gekauft und ich hoffe, dass diese gut angehen werden. Heute habe ich Rhabarber geerntet, ein Dutzend Stangen.

Morgen findet in der Buckautaler Feldsteinkirche, wie immer am letzten Sonntag des Monats, die Orgelvesper statt. Herr Fabrizi spielt und Thomas und Ute Gandow haben schon die Werbetrommel geschlagen. Gestern rief ich sie kurz an und habe ihnen einen Streuselkuchen versprochen, als unseren Beitrag. Vielleicht mache ich die eine Hälfte des Blechs mit Rhabarber, nach Oma Hedis Rezept! Der beste Streuselkuchen der Welt!(siehe Teil III Rezepte)

Die Salate können wir auch bereits essen und man schmeckt den Unterschied zu gekauftem deutlich. Die Kräuter sind ein Segen! Wie anders schmeckt doch ein Auflauf, die Suppe, die Pasta, mit einer Handvoll frischer Kräuter aus dem Garten. Bei uns wächst Salbei sehr gut, auch der Rosmarin gedeiht. Zitronenmelisse und Pfefferminze wuchern regelrecht, man muss sie im Zaum halten, sonst übernehmen sie das Regiment und vermehren sich schamlos. Aber ich verteile sie auch an Orte, wo ich sie lieber hätte und das funktioniert ganz gut.

Die ersten Bohnenpflanzen zeigen sich neben den Stangen, an denen sie empor klettern dürfen und auch die Kartoffeln stimmen mich optimistisch. Die Reste vom vergangenen Jahr, die wir im Keller als Vorrat überwintern, habe ich einfach eingepflanzt und das funktioniert meist gut. Keime haben sie allemal. Sogar die ausrangierten Autoreifen habe ich mit getrocknetem

Pferdemist und Komposterde gefüllt und in Lagen die Kartoffeln eingelegt (gepflanzt). Die werden schon werden. Oliver meint, man sollte dann weitere Erde anhäufen, sobald man die ersten Kartoffelpflanzen sehen kann. Schauen wir mal. Oliver war so stolz auf die ersten Kartoffeln!

Die Hühner und der Hahn sind heute ganz aus dem Häuschen und machen ordentlich Lärm! Ich kann hören wie aufgebracht sie sind. Es liegt daran, dass wir an der Ecke beim „Hühnerfritzen" drei neue Hühner gekauft haben. 27 Euro, also 9 Euro pro Stück (früher waren es 8 €). Natürlich müssen die jungen Dinger sich erstmal eingewöhnen und nach und nach von den anderen „Damen und Herren" akzeptiert werden. Hier herrscht tatsächlich eine „Hackordnung". Na ja, irgendwann, in 1-2 Wochen, werden sie gemeinsam über den Hof streunen. Aber im Moment ist es ganz gut, dass sie in ihrem Auslauf eingegrenzt sind und auch den Gemüsegarten kommen sie nur, falls ein Unachtsamer die Türchen aufgelassen hat. Auf einer Seite haben sie seit Kurzem gestutzte Federn, so können sie nicht mehr über den Zaun fliegen. Sorry, tut mir leid, das musste sein. Genug für heute. Nächstes Mal schreibe ich über unseren Hofbaum, die Walnuss.

Der Walnussbaum hat sich gut erholt. Die dunklen Blätter, die ihm der Frost eingebrockt hatte, sind vollständig in sattem Grün der größeren Blätter verschwunden. Letztes Jahr schenkte er uns die ersten Drei Nüsse. Eine davon, war hohl, die anderen beiden haben wir voller Ehrfurcht genossen. Es ist erstaunlich, wie groß er mit den Jahren herangewachsen ist. Schätzungsweise vier Meter ist er bereits hoch. Die jungen Schwalben üben im Hof, wie sie mit dem heute stärkeren Wind zurechtkommen. Der Walnussbaum schaukelt dazu seine Äste, man könnte meinen immer im Kreise, grad so als wolle er sie anfeuern. Die Schwalben sind mir die liebsten Vögel von allen. Ihre Künste in der Luft sind unbeschreiblich. Sie scheinen sich jedem Manöver aus dem Instinkt zu ergeben. Und doch scheint alles wie aus Absicht zu passieren. So wie das Wasser nach unten fließt, so selbstverständlich flitzen diese zauberhaften Geschöpfe der Flugkunst durch den Himmel. Sie imponieren mir sehr, fast beneide ich sie. Nicht nur, weil sie mit dem Körper fast schwerelos leben, auch ihr Geist ist ihnen niemals im Wege. Sie wissen genau, was sie tun, und sind niemals im Zweifel. Instinkt, Trieben, Natur. Im Hier und Jetzt zu sein. Freude leben. Was will ein Wesen mehr?

In meinem nächsten und damit dritten Teil finde ich gleich oben auf noch ein Zettel aus der Zeit, als ich diese Notizen festhielt: „Bin mit B. spielen" P.S. Neue Blumen

Jakob, mein 10-jähriger Sohn, hatte mir einen Wiesenstrauß gepflückt. Ich liebe ihn dafür umso mehr.

Auf der Rückseite seines Zettels hatte ich ihm eine Nachricht geschrieben:

„Hallo Jakob

Habe Streuselkuchen gebacken!

Wir essen nachher Schnitzel.

Bin um 16 Uhr zu Hause.

Bitte geh ´mit Harpo.

Danke!

Mama

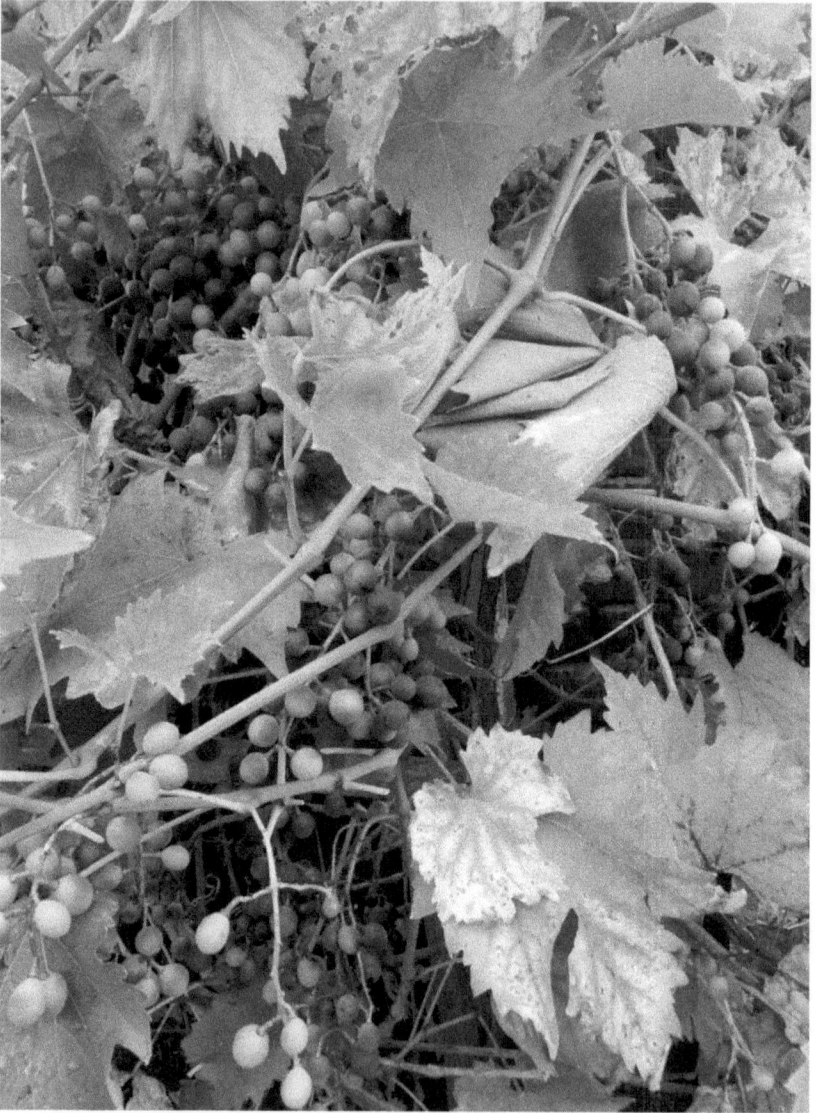

Die Weinreben waren ergiebig. Nur mit Mehltau sollte man aufpassen.

Die grünen Stachelbeeren eignen sich hervorragend für Marmelade.

TINTA
JOYCE

TRILOGIE
Tagebücher vom eigenen Hof

TEIL III   REZEPTE

Über Rezepte von unserem selbst angebauten und geernteten Obst, Gemüse und anderen Lebensmitteln, will ich hier berichten und gern meine besten Rezepte an euch weitergeben.

Durchschnittlich umfasste unsere jährliche Ernte, zusätzlich rund 2.500 Eier pro Jahr, rund 30-50 kg Lammfleisch, ca. 450 l Ziegenmilch (aus der wir auch Käse und Mozarella herstellen). Hier ein Resumee im Herbst:

- 17 Kürbisse (Hokaido)
- rund 15 kg Pflaumen
- zu wenige Äpfel (die Bäume sind noch jung)
- ca. 15 Zucchinis
- ca. 2 kg Schlehen
- Salate
- ca. 10 Kohlrabi
- ca. 3 kg grüne Bohnen
- ca. 5 kg Walnüsse (Frau Eichelmann)
- ca. 2 kg Stachelbeeren
- ca. 10-15 kg Holunderbeeren
- ca. 12 kg Weintrauben

20. September 2011

Unseren ersten Holunder haben wir gestern verkostet. Beta-Renate war Vierzehn Tage hier zu Besuch (reist heute wieder ab, erst nach Berlin und dann zurück nach Eckernförde). Sie hatte unseren englischen Gelierzucker ausprobiert, der uns leider enttäuscht hat. Statt Marmelade haben wir nun Holundersirup. Auch gut.

Ansonsten ist es ein Genuss täglich frisches Brot zu backen. Der Brotbackautomat von Betty & Alfred ist eine große Bereicherung bei unserem Start hier in Buckautal (am 8. August 2011 waren wir nach langer Odyssee der Haussuche – Portugal – Frankreich – Schwarzwald –

Schleswig-Holstein – Rügen – Potsdam Mittelmark- letztlich in Buckautal gelandet. Vorher lebten wir in Gargrave / North Yorkshire U.K.).In Skipton hatte ich als Pfarrsekretärin gearbeitet in der wundervollen HOLY TRINITÝ CHURCH an der Highstreet, gleich neben dem Schloss gelegen. Mit einigen regelmäßigen Kirchgängern, die auch zur Gemeinde gehörten, hatte ich mich angefreundet, wie auch mit Betty und Alfred, die uns als Abschiedsgeschenk diesen genialen Brotbackautomat mit auf den Weg gegeben hatten. Über ein ursprünglich Jüdisches Oster-Ritual hatten wir uns damals kennengelernt. Jakob durfte bei der Zeremonie einen besonderen Text zitieren, wo es ursprünglich auch um das Thema Brot ging. Inzwischen sind wir aus der Kirche ausgetreten.

Den Rumtopf habe ich in diesem Jahr, durch den Umzug bedingt, erst im August angesetzt. Normalerweise beginne ich damit mit dem ersten verfügbaren Obst der Saison: Kirschen, Erdbeeren, Weintrauben etc. und den ortsüblichen Fusel „Goldbrand", den man bei Norma kaufen kann, Hauptsache hochprozentig!

Auf dem Mittelaltermarkt in Ziesar (Burgfest) gab es allerlei Köstlichkeiten, u.a. Straußensalami. Leider wurde ich wieder durch anderes abgelenkt und vergaß etwas davon zu kaufen. Handgeschnitzte Kochlöffel aus Holz hätten mir auch gefallen.

Unsere neue Küche stammt von IKEA aus Berlin. Die Spüle hat eine LED-Farbleuchte, die Spaß macht. Die Armatur ist allerdings nicht von IKEA, sondern von Hellwig aus Brandenburg. Bin froh, dass wir all unsere Maschinen aus England mitgebracht haben. Sie laufen bestens. Oliver hat sämtliche Stecker auf deutsche Norm geändert. Nur eine Lampe (im Korridor) macht noch nicht, was sie soll.

Heute gibt´s bei uns Wirsingkohl mit Kartoffeln und Nürnberger Würstchen. Ma & Pa kommen uns besuchen und holen auch gleich Beta-Renate bei uns ab!

Oktober 2011, Buckautal

Es ist eine kraftraubende, anstrengende Zeit, und so versuche ich mich auf einfachste Gerichte und Zutaten zu beschränken. Gestern hatten wir Fischbouletten mit Kartoffelpüree und Salat. Besonders die Brotkrumen als Kruste waren sehr gelungen.

Morgen kommen uns unsere lieben Freunde aus Minden besuchen: Tanja, Ralf und Fabi. Wir freuen uns schon sehr. Ich werde zum Abendbrot eine Kürbissuppe vorbereiten. Dazu gibt es Flammkuchen, den ich bereits tiefgefroren habe. Dienstag machen Tanja und ich einen Ausflug, wir wollen nach Potsdam ins Holländerviertel. Ich kann mich nicht erinnern, dass ich schon einmal dort war. Also werden wir für die Männer etwas Einfaches zum Mittag vorbereiten.

1. Dezember 2011

Der erste Advent ist bereits vorbei. Und auch die ersten Weihnachtskekse (Butterkekse nach Omas Rezept) sind bereits gebacken... und zum Teil vernascht. Ich musste für die Schule eine Fuhre backen, da bereits morgen der Weihnachtsmarkt stattfindet. Wir Eltern verkaufen mit den Kindern ab 15 Uhr Kekse, Kaffee, Kinderpunsch (3xK!). Die Lehrerin, will zusätzlich noch Bockwürste mitbringen, und alle Einnahmen kommen in die Klassenkasse. Nächstes Jahr wird es dann für die Klassenfahrt nach Wolfsburg genutzt.

Übrigens scheint unser Rumtopf gut gelungen. Lediglich die selbstgezogenen Feigen, machen sich nicht so gut darin. Ich glaube die Schale der Feigen ist zu ledrig und fest, sodass ich sie herausfischen werde und sie als Zutat für einen Weihnachtskuchen beifüge. Bei mir kommt nichts um.

Einen original englischen X-mas-Cake wird es in diesem Jahr nicht mehr geben. Diese müssen viele Wochen vor Weihnachten gebacken und mit Rum oder Port „gefüttert" werden (to feed the cake with Brandy...).

Wir verschieben dies auf 2012, wenn dann auch unsere Küche, so Gott will, im Weihnachtsglanz erstrahlen wird. Bis dahin ist es noch ein weiter Weg.

Heute habe ich einen großen Teil der Mauer in dem hinteren Küchenteil freigelegt. Man kann den Schwamm sehen, er sieht aus wie Seegras, nur heller und filigraner. Wir haben vor, ihm den Kampf anzusagen; mit natürlichen Mitteln! Drahtbürste – Fön – Kalkfarbe. Evtl. werden wir auch das Mauerwerk anbohren und besondere Wirkstoffe durch Filter hinzufügen. In jedem Fall wird das Mauerwerk auch mit Flammen behandelt, der Schwamm wird verbrannt. Zum Glück haben wir große Hilfe aus dem Dorf, Handwerker, die sich auskennen. Hoffen wir das Beste!

16. Dezember 2011

Ach, was muss ich doch auch wieder negative Erfahrungen notieren, wie unerfreulich. Ich sage nur ein Wort: Pottasche!!! An die Vierzig Lebkuchen sind mir verdorben, durch Pottasche. Wie unverzeihlich, diese wunderbaren Zutaten, frische Eier (von den noch zwei verbleibenden Hennen, von mir achtsam verwendet), Nüsse, Mandeln, Vanille, brauner Zucker, Kardamom, fast ein Viertel aus meinem Glas mit Zucker & Zimt... alles für die Katz! Jetzt weiß ich, wie dieser Satz auch im wahrsten Sinnen des Wortes verwendet werden kann. Die Tiere werden es wohl verputzen dürfen. In unserem Haushalt werden wohl die beiden Lausbuben-Hunde und die 5 wilden Katzen, sowohl die zwei Hennen, samt Hahn Pavarotti, davon profitieren. Vielleicht ist es aber auch ein Verbrechen, den armen, unschuldigen Tieren, so etwas Ungenießbares anzubieten. Pottasche – ich hasse dich! Alles fing damit an, dass meine liebe Freundin Verena von der letzten gelungenen „Fuhre", 5 out of 15, hübsch (ihre großzügige Sternebewertung meiner angeblich weltbesten Lebkuchen und Weihnachtsbäckerei), als Weihnachtsgeschenk verpackt, von mir bekam. Kaum aus den Augen, schrieb sie mir, dass das mit Abstand die Allerleckersten Lebkuchen ihres Lebens seien und ich entweder ein Nebenbei-Business eröffnen solle oder ihr sofort das Rezept

138

schicken möge. Zweites habe ich brav getan, mich auch für ihr Lob bedankt und nun siegessicher, wie ich bereits den letzten meiner gut duftenden Mogelpakete aus dem Ofen holte, alles wieder vergessen kann. Keine weiteren Geschmacksorgien zur Weihnachtszeit, nein - wir müssen uns nun begnügen mit Hasel- und Walnusskeksen, Dinkelbutterkeksen und ein paar Vanillekipferln. Das war´s für diese Jahr. Wie das nächste wird, schauen wir mal.

Übrigens ist mir doch noch in diesem Jahr ein echt englischer X-mas-Cake gelungen. Mit allem Drum und Dran, und natürlich meiner persönlichen Variation:

Backpflaumen, eingelegte Rosinen, Aprikosen, Feigen, Datteln, Haselnüsse, Studentenfutter, Mandeln gemahlen, viele gute Eiern und viel Muskelkraft. The „Canon-ball", wie mein Schatz ihn liebevoll nennt, wiegt vier Kilogramm und das, obwohl bereits fast die Hälft vernascht wurde. Die Glasur ist mit *Roses´s Lime Marmelade* bestrichen, das vorletzte Glas, das wir noch in unseren englischen Vorräten hatten. Dann hab ich Marzipanrohmasse mit Rosenelixier und Lavendelöl (2-3 Tropfen, alles aus der Apotheke) verfeinert, in dem ich die Aromen einmassiert habe. Das Marzipan hab ich mit Hilfe einer leeren Glasflasche ausgerollt. Die englische Zutat Treacle (ähnlich wie Rübenkraut) ist auch noch darin, was die Farbe etwas dunkler färbt als herkömmliches Marzipan. Nach 48 Stunden (streng nach Vorschrift!) kam dann der Zuckerguss, Icing! Fett und dick und cremig und zäh! Rings im Kreis weiße Zuckerkränze (die man sonst an den Weihnachtsbaum als Deko hängt) und in der Mitte ein Stillleben aus zwei Marzipanschweinen und ein paar Früchten, alles aus Marzipan. Als i-Tüpfelchen hab ich kunstvoll „Silent Night" eingraviert. Geht doch. Very morish!

Anm: Bei all den gehaltvollen Zutaten, frag ich mich, warum wir nicht längst an Diabetes leiden 😊

22.April 2012

Das wird hier wohl eine Sammlung von Dingen, die alle anders geworden sind als ursprünglich geplant. Gestern wollte ich für die Schule einen Hefekuchen mit Kirschen und Streuseln backen und war ganz stolz, dass ich keine Fertigmischung verwendet habe (was die meisten Mütter ganz skrupellos einfach so machen), sondern alle Zutaten eigenhändig zusammengestellt:

500 g Mehl, 300 ml warme Milch-Wasser-Mix, etwas weiche Butter, 150 g Zucker, ein traumhaft gelbes Ei (komplett) und ein kleines Päckchen Streuhefe. Mit knapp zwei Stunden Verarbeitungszeit, habe ich angenommen, dass der Brotbackautomat den Teig nur schön knetet und gehen lässt – aber nein- er hat alles gebacken! Und so haben wir eine leckere Brioche erhalten, dass wir auf Roberts anraten, mit Kirschen (von Ines & Olaf), Kirschmarmelade und Schlagsahne ergänzt haben. Mir hat es gut geschmeckt, fast ein bisschen wie Scones. Na ja, Brotbackautomat beinhaltet das Verb b.a.c.k.e.n, bin also selbst schuld.

5. Juni 2012

Am Wochenende waren wir mit der Ernte von Holunderblüten beschäftigt. Sie duften herrlich! Sie duften so hoffnungsvoll. Man hat den ganzen Sommer noch vor sich, und dieser frische Blütenduft trägt einen, wie auf einer Wolke von allem Angenehmen, dass der Sommer einem noch bringen mag. Eine Vorahnung auf das, was kommt! Und so habe ich den ganzen Tag am großen Tisch, im Zentrum unseres Dreiseitenhofs, gesessen, mit Schüsseln und Schere und habe die weißen Blüten von den Stängeln befreit. Als erstes haben wir nach guter alter englischen Tradition Holundersekt angesetzt, 4 Liter.

Wir empfehlen:

600 ml compressed elderflowers, cest of 2 lemons, juice of 2 lemons, 1 kg sugar, 4,5 l water, 2 tablespoons vinegar. Leave 24 hours open but warm, then bottle and leave until it starts bubbling. Drink within 4 weeks.

Und jetzt nochmal auf Deutsch:

600 g der besten Holunderblüten, geriebene Schale von 2 unbehandelten Zitronen, Saft von 2 gepressten Zitronen, 1 kg Zucker deiner Wahl, 4,5 l Wasser, 2 Esslöffel Apfelessig. 24 Stunden ziehen lassen (unverschlossen aber an einem warmen, sonnigen Ort). Auf die Öffnung des Gefäßes legt man beispielsweise einen Teller, damit der Duft weder Bienen noch andere Leckermäuler anzieht. Dann in Flaschen abfüllen und so lange ziehen lassen, bis die ersten Luftbläschen sichtbar werden, Kohlensäure, besser gesagt. Innerhalb von 4 Wochen genießen, sonst Explosionsgefahr!

Rechtzeitig also zu meinem Geburtstag, Ende Juni!

Auch habe Holundergelee gekocht, 7 Gläser kamen dabei heraus. Es schmeckt einfach köstlich!

Das Rezept habe ich von der Dr. Oetker-Zucker-Packung abgewandelt und mit Apfelsaft (100%) gekocht. Es ist erstaunlich, dass man das Gelee tatsächlich nur 3 Minuten kocht, dann durch ein Sieb gießt und in die vorbereiteten (sterilen) Gläser abfüllt. Die Gläser sofort auf den Kopf stellen, damit der Vakuumeffekt sich einstellt. Nach 8 Minuten vorsichtig wieder umdrehen. Achtung, man kann sich leicht verbrennen!!!

Am Anfang befürchteten wir, dass es zu dünnflüssig geworden war, doch beim ersten Probekosten waren wir begeistert. Es schmeckt so wie es duftet, nach einem frischen Sommermorgen.

In unserem englischen Marmeladenkochbuch *River Cottage Handbook No.2 - Preserves by Pam Corbin introduced by Hugh Fearnley-Whittingstall* - steht, dass man es am besten im Winter genießen sollte, mit der Gewissheit, dass der nächste Frühling sicher wiederkommt. Wie tröstend. Dieses Rezept hält, was es verspricht, Vorfreude auf Sommer!

Hier nun teile ich mein Marmeladen Lieblingsrezept, aus besagtem Buch, das Vorfreude auf den nächsten Sommer in sich trägt:

(Noch ganz junge grüne) Stachelbeeren mit Holunderblüten -

Green gooseberry jam with elderflower

Season: late May to June

I welcome the first tiny gooseberries that appear in the month of May, just as the first boughs of elderflower are beginning to show. The berries are picked when no bigger than my little thumbnail, almost as a thinning process, allowing their brothers and sisters to fill out mature on the bush. But these early green goddesses are full of pectin, sharp and tart, and make a divine jam. The fragrant elderflowers add a flavour which will remind you, when the days are short and dark, that summer will come again.

Makes 5-6 x 340 g jars

1 kg young gooseberries and around 8 heads of elderflower

(ich nehme üblicherweise etwas mehr Holunderblüten)

1 kg granulated sugar

Ich denke jeder wird wissen, was nun zu tun ist...

Der Holunderblütenkuchen ist nicht so gut geworden, wie ich erhofft hatte. Mir schmeckt er zwar, aber niemandem sonst. Habe wohl unterschätzt, dass man die Blütenstile ja auch mitbäckt...und das ist eben doch Geschmacksache.

15. Juni 2012

Die Nachbarin von schräg gegenüber, hat uns einen ganzen Eimer voll, frischer Erdbeeren geschenkt. Das ist so nett! Sonntagmorgen, nach dem Fußballspiel. Ich habe daraus Marmelade gekocht, die ganz wunderbar geworden ist. Selbst Jakob findet sie lecker, und das soll was heißen! Heute kommt er von seiner Klassenreise zurück. Wir haben ihn vermisst, auch Harpo. Er hat Jakobs Überdecke in sein Körbchen geschleppt. Wir haben gestaunt. Oliver kann es kaum erwarten, Jakob das zu erzählen.

Ma & Pa kommen uns heute besuchen. Sie wollen um 13 Uhr zum Mittag da sein. Ich hab Lammgulasch in einer Rosmarin-Knoblauch-Marinade eingelegt. Wird sicher ziemlich lecker. Vorher geht's noch auf die Burg nach Ziesar. Der Museumsleiter führt heute eine Gruppe und wir wollen unser englisches Konzept mit seinen Hinweisen ergänzen. Oliver ist soweit fast bereit für die erste englische Tour auf der Burg. Ich hoffe nur, dass meine Magenschmerzen bald nachlassen, konnte nachts kaum schlafen.

Gestern hatte ich mit Reis und Fisch gefüllte Paprikaschoten gemacht und dazu einen Couscous-Salat, den ich mit frischem Zitronensaft, einer Fleischtomate, Melisse und Oregano aus dem Garten, sowie Kidneybohnen, zubereitete. Es hat uns gut geschmeckt. Vielleicht hab ich die Bohnen nicht gut genug gekaut? Und so hätte man mich sehen sollen, wie ich ins Bett geschlichen bin: mit Wärmflasche, einer selbstgehäkelten blau-weißen kleinen Wolldecke, meiner geliebten Mohair Wolldecke aus Gargrave, dann hatte ich meinen bequemen Hausanzug an, mein Angora Unterhemd, das Vintage Nachthemd aus weißer Baumwolle und kuschelwarme Schurwollsocken. Einen Fencheltee hab ich auch am Bett gehabt und ein eher langweiliges Buch (englisch), „The Land of Summer".

Ich muss jetzt aufstehen, es ist schon 8.15 Uhr. Die Tiere hatte ich bereits um 6.30 Uhr rausgelassen und gefüttert, hatte mir nur die Gummistiefel und eine Wolljacke übergezogen und bin dann wieder ins Bett...Oliver ist immer so schön warm, beneidenswert.

Wow, die Zeit verfliegt...30. Dezember 2013

Wie so oft kann ich nicht schlafen und nutze die Zeit, um Gedanken festzuhalten. 3.34am (a.m. ist für mich die Abkürzung: am Morgen☺). Unglaublich, morgen ist bereits wieder ein Jahr vorbei. Das Jahr 2013 war wohl nicht das Beste, obwohl wir recht produktiv waren und im Haus Enormes geleistet haben. Letztendlich sind Ma & Pa zu uns gezogen, was uns allen, trotz gelegentlicher „Ausrutscher", eine Bereicherung bedeutet. Bezüglich dieses Büchleins (Kitchen) will ich versuchen zu skizzieren, was wir (ich) neben all der handwerklichen Arbeit, an kulinarischen Reserven für die Speisekammer geschaffen habe:

Zu Beginn ging es wie gewohnt los, mit dem Ansetzen des 5 l Rumtopfes, der aus allerlei Früchten (left-overs), Zucker und Alkohol besteht. Es sind mehr als ein halbes Dutzend Gläser, die wir zu Weihnachten verschenkt haben, auch an unsere hilfsbereiten Nachbarn. Auch Schlehenlikör habe ich angesetzt. Allerdings hatte mir persönlich, der aus dem vergangenen Jahr besser geschmeckt als in diesem. Es lag wohl daran, dass wir Gin statt Brandy verwendet hatten. Oliver genießt sowieso lieber seinen schottischen Whisky als ein selbstgebrautes „Tröpfchen".

Nun komme ich zu den Gelees und Marmeladen: In diesem Jahr habe ich die Holunderblüte für das Ansetzen von Brause genutzt und für Apfel-Holundergelee, leider nicht so viele Gläser wie erhofft. Eine andere neue Leckerei ist das Birnengelee, das ich aus dem Fallobst von Familie Lenz gezaubert habe. Sehr lecker! Auch wir waren es, die ca. 8 Gläser an Freunde und Familie verschenken konnte. Bin nur froh, dass wir selbst noch ein paar Gläser für uns haben. Manchmal verschenke ich doch zu großzügig. Lothar, der älteste Sohn der lieben alten Nachbarin, ist mit

Minijobvertrag, unser Mitarbeiter in diesem Jahr. Er hat uns kistenweise Pfirsiche aus eigener Ernte mitgebracht. Sie stammen von einer kleineren Sorte, sind gelb, und deren Aroma verströmt eine leicht bittere Note. Daraus habe ich Kompott gekocht. Es gibt noch etliche Gläser, die wir verbrauchen sollten. Das Bittere ist nicht jedermanns, aber Bitterstoffe sind immer auch gesund für die Leber und deren Entgiftung (deswegen esse ich beispielsweise auch immer mal wieder gern Endiviensalat, Chicorée).

Das Holundergelee und auch Holundersaft (diesmal mit Kirschsaft abgeschmeckt) ist/war gut gelungen, reiche Ernte! Unsere Holunderbäume tragen so reichlich, dass wir den Hof eigentlich Holunderhof nennen könnten.

Kater Kaya schnurrt auf meinem Schoss und wärmt mich. Apropos Wärme: Es ist bislang ein recht milder Winter, wenig Frost. An Heiligabend hatten wir zwischen 8 und 14°C plus und Sonnenschein! Dafür hat es 2013 viel geregnet, was man an den fatalen Überschwemmungen in Flussregionen erleiden musste, schrecklich. Da können wir dankbar sein, dass wir weit entfernt von großen Flüssen, wie die Elbe, leben. Unsere „Buckaue" war bislang nie so bedrohlich über die Ufer getreten. Nun denn, ich bin müde und will versuchen weiterzuschlafen.

Es gibt noch zusammenfassend zu ergänzen:

- 8 Gläser Stachelbeermarmelade - Roberts liebste
- 25 kg Pflaumenernte - ab und an zu Pflaumenkompott aufgekocht, mit etwas Zimt
- 4 Lämmer wurden im Laufe des Jahres geschlachtet, davon ein großes für unsere Willkommensfeier am 20. Oktober anlässlich des Einzugs von Ma & Pa (wir hatten viele Gäste und alle haben vom zarten Lammfleisch geschwärmt)
- Am zweiten Weihnachtsfeiertag haben wir ein Lamm-Highlight gezaubert. Lammrücken und Lammkoteletts mit grünen Bohnen (eigene Ernte), Kartoffelspalten und Knoblauchsauce. Zum Nachtisch gab es englischen Christmas Pudding mit Custard

(Vanillesauce). Dazu gab es Yorkshire Pudding. Etwas knifflig in der Zubereitung, aber wenn sie gelingen, sind sie sehr lecker und die Mühe wert.

Hier das Rezept meiner Schwägerin Liz, für

Original Yorkshire Puddings

- 150 g Mehl
- 3 Eier
- Prise Salz
- 5oo ml Milch
- Öl für die Form

Zubereitung:

1. In eine Muffin Backform Öl füllen (Raps- oder Sonnenblumenöl), sodass in jeder Form bis zur Hälfte Öl steht

2. Backform bei 230 °C in den Ofen (bis es dampft)

3. Währenddessen alle Zutaten zu einem Teig mixen (kräftig schlagen, bis der Teig Blasen schlägt und eine Stunde vor dem Backen kühlen!

4. Backform aus dem Ofen nehmen (Vorsicht, sehr heiß!) und schnell den gekühlten Teig je bis zur Hälfte in die Förmchen füllen

5. Zurück in den Ofen (ca. 35 Minuten) bis sie Yorkshire Puddings leicht bis gut gebräunt sind

6. Als Beilage zu Fleisch, Gemüse, Kartoffeln und viel leckerer Sauce genießen!

Die köstliche Rotweinsauce, an die ich noch heute denken muss, war besser gelungen, als Kempinski-Köche es vermocht hätten (und das will was heißen). Josephine und ich haben Bestes vollbracht. High Five!

An Heiligabend hatten wir Kaninchen mit Klößen und Rotkohl, auch sehr gut (vom Fleischer aus Görzke). Allerdings würde ich das Marinieren nicht mehr mit der Zugabe von Pflaumen und Backobst (Aprikosen) variieren, zu säuerlich. Rotwein hätte gereicht. Eventuell wären Eß-Kastanien zum Rosenkohl auch lecker gewesen, hätte ich nur daran gedacht.

Die Kekse (Butterplätzchen) und Lebkuchen sind mir in diesem Jahr besonders gut gelungen. Das hat man vor allem daran gemerkt, dass sie so schnell gegessen wurden. Aufgefuttert…

Die Lebkuchen habe ich zum Teil mit kandierten Kirschen und Haferflocken variiert, sehr lecker!

Aus meinem allerersten Backbuch stammen die meisten meiner Lieblingsbackrezepte, die ich während der Weihnachtszeit immer wieder nachlese (das sieht man dem Werk inzwischen an, es ist recht zerfleddert, vorne und hinten sind Rezepte ergänzt worden, die sich im Laufe meines Lebens zu angesammelt haben. Eine Fundgrube! Besonders in Ehren halte ich die handgeschriebenen Zettel meiner Oma Hedi.

Hier nun meine bevorzugten Rezepte für die klassische Weihnachtsbäckerei, die ich meiner Familie und Freunden zum ersten Advent anbieten möchte:

Butterplätzchen

Zutaten für den Teig:

- 500 g Mehl
- 300 g Butter
- 200 g Zucker
- 4 Eigelb
- Abgeriebene Schale einer Bio-Zitrone
- 1 EL Rum (oder 1 Fläschchen Rum Aroma)
- 2 Päckchen Vanillezucker (oder das Mark einer Vanillestange)
- Backpapier

Backzeit   10-12 Minuten
Elektroherd   200 ° C
Gasherd Stufe 3

Mehl (gesiebt), Butter, Zucker, Eigelb, Zitronenschale, Rum u. Vanille auf einem großen Backbrett oder in einer Schüssel zügig zu einem glatten Mürbeteig kneten (mit den Händen) und als Kugelform (eingepackt in Klarsichtfolie) eine Stunde kühlen. Anschließend nicht zu dick ausrollen und mit bevorzugten Förmchen ausstechen, auf das mit Backpapier vorbereitete Backblech legen.

Wer die Plätzchen glänzend mag, kann sie noch mit verquirltem Eigelb-Milch-Mix bestreichen und im vorgeheizten Ofen backen. Man sollte die Plätzchen gut im Blick haben, da sie zu schnell zu dunkel werden. Selbstverständlich kann man die Butterplätzchen nach dem Backen auch abgekühlt mit Zuckerguss überziehen (gesiebter Puderzucker mit wenigen Löffeln heißem Wasser mixen), nach Vorliebe dekorieren.

Natürlich eignet sich auch die klassische Kuvertüre als leckere Deko. Ich persönlich mag die Butterplätzchen am liebsten ganz einfach, also ohne Guss oder Deko. Jeder wie so wie er mag. Köstlich sind sie allemal. Weil sie von der ganzen Familie so gemocht werden, habe ich mir angewöhnt, gleich die doppelte Menge der Zutaten zu verarbeiten. Abgepackt in Keksdosen müssten sie, gut gekühlt, bis Weihnachten frisch bleiben. Theoretisch. Manchmal verstecke ich wenigstens eine Dose als eiserne Reserve in meinem Kleiderschrank, und dann ist die Freude groß!

Eine weiteres „Must have" Weihnachtsgebäck sind die göttlichen, auf der Zunge schmelzenden, Vanillekipferl. Als Kind durfte ich meine Tante Barbara dabei beobachten, die sich das Backen wohl als Ablenkung für mich ausgedacht hatte. Barbara war die Frau meines Patenonkels Andi, die beide zu der 68er-Generation gehörten und mich durch ihr legeres Anderssein faszinierten.

An der Wand hing neben wundervollen Aquarellen, Plakaten und Zeichnungen, auch ein Hampelmann aus Holz. Der gravierende Unterschied bei diesem Exemplar war, das er nackt war. Wenn man also, wie gewünscht, an der Strippe des Hampelmannes zog, sah man nun deutlich, dass es sich nicht um eine Hampel-Frau handeln konnte.

Meine Tante musste sich also immer wieder Ablenkungsmanöver ausdenken, zumal mein Bewegungsdrang als damals noch unerkanntes ADHS-Kind nicht zu stoppen war. Mit hochrotem Kopf und glühenden Ohren, trank ich ein Glas Leitungswasser (was sonst) nach dem anderen. Nun denn, so wurde ich zahm wie das Kätzchen, als es zum Backen von Vanillekipfeln ging.

Da sie so lecker sind, nehme ich automatisch die doppelte Menge der folgenden Zutaten:

Vanillekipfel

Für den Teig:

- 260 g Mehl
- 1 Eigelb
- 1 Prise Salz
- 1 Vanilleschote
- 80 g Puderzucker
- 100 g gemahlene Mandeln
- 200 g Butter (kühl)
- Backpapier

Zum Bestreuen:

- 4-5 EL feiner Zucker (oder gesiebter Puderzucker)
- 2 Päckchen Vanillezucker

Backzeit:	10-15 Minuten
Elektroherd:	180°C bis 200 °C
Gasherd:	Stufe 3

Für die Zubereitung der Vanillekipfel kann ich mein großes Backbrett sehr empfehlen, dass meine liebe Freundin Tanja bei einem Antik-Trödel für mich entdeckt hat. Natürlich geht auch die direkte Tischplatte, will man die gründliche Reinigung hinterher, auf sich nehmen.

Zubereitung der göttlichen Vanillekipfel:

Mehl auf das Backbrett sieben, in die Mitte eine Vertiefung drücken. Eigelb, Salz, ausgeschabtes Vanillemark, gesiebten Puderzucker, Mandeln und die in Flöckchen geschnittene, gekühlte Butter zufügen. Mit einem großen Messer alles kleinhacken, dann schnell verkneten (mit den Händen) und als Kugelform (eingepackt in Klarsichtfolie) mindestens eine Stunde im Kühlschrank ruhen lassen. Das Vanille Aroma kann sich so intensiv entfalten.

Dann portionsweise zu kleinen Kipfeln formen. Dafür den Teig zu einer Rolle formen, in kurze Stücke schneiden, diese zu Kügelchen drehen und dann zu kleinen, sich an den Enden verjüngenden Teigrollen, zwischen den aneinanderreibenden Händen, formen (klingt komplizierter als es wirklich ist). Die Enden leicht zur Mitte biegen (wie die Sichel eines Mondes) und behutsam auf das mit Backpapier vorbereitete (noch kalte) Backblech legen und Backen. Auch hier sollte man die Vanillekipfel gut im Blick haben, da sie zu schnell zu dunkel werden können. Noch heiß werden sie in einer Mischung aus Zucker und Vanillezucker gewendet.

Ich habe mir angewöhnt hierzu eine kleine Zange zu benutzen, um sich nicht zu verbrennen. Auch passieren so weniger Missgeschicke, denn die noch heißen Vanillekipfel sind in diesem Stadium noch leicht zerbrechlich. Wenn sie abgekühlt sind, kann man sie wunderbar in Keksdosen stapeln. Im Kühlschrank halten sie gut gekühlt, bis Weihnachten frisch. Theoretisch.

Eine weiter Spezialität von mir sind hausgemachte Brataäpfel, die natürlich vor allen Dingen in der Weihnachtszeit nicht fehlen dürfen. Allein der Duft zaubert Weihnachtsstimmung und stimmt jeden in allerbeste Laune.

Brataäpfel

Man nehme pro Person einen Apfel. Das Kerngehäuse behutsam entfernen. Dazu entweder den Stil entfernen und solange weiterauschaben, bis alle Kerne entfernt wurden. Oder den oberen Teil des Apfels vorsichtig abschneiden, sodass der Stil noch vorhanden ist und nun, wie einen kleinen Deckel auf dem später gefüllten Bratapfel verwendet werden kann. Man bereitet einen Mix vor, mit dem die Brataäpfel randvoll gefüllt werden:

Mandeln, Haselnüsse zerkleinern und mit Rosinen, Zimt, Honig und evtl. einer Prise Muskat nach Belieben eine Masse herstellen, die man Löffelweise oder auch mit den bloßen Händen in den Bauch des Apfels drückt. Damit unten nichts entweichen kann, wäre es hilfreich mit eine Marzipankartoffel als Stopper die untere Öffnung des Apfels zu verschließen. Bei 200°C in einer geeigneten Bratform (eine Springform geht auch, wenn du alle Äpfel im Kreis aneinanderlehnst) in den vorgeheizten Backofen geben und gut auf die Zeit gucken, damit die Bratäpel nicht auseinanderfallen. 20 Minuten Backzeit sollte passen; evtl. um 2 oder 3 Minuten reduzieren. Mit Vanillesauce oder Vanilleeiscreme ist es ein Hochgenuss und so einfach vorzubereiten! Lasst es euch schmecken. Natürlich bist du die/der Allerbeste, falls du pro Person mehr als 1 Apfel vorbereitet haben solltest…

Weihnachtsbäckerei lieben wir alle sehr

Elisenlebkuchen

Meine Spezialität sind Elisenlebkuchen. Auch hier nehme ich grundsätzlich die doppelte Menge der Zutaten, da sie erstens so lecker schmecken, und zweitens sich wunderbar als kleiner Adventsgruß für Freunde eignen.

Zutaten für den Teig:

- 3 Eier
- 200 g Zucker
- 1 Päckchen Vanillezucker
- 1 Messerspitze gemahlene Nelken
- 1 TL Zimt
- ½ Fläschchen Rum Aroma
- 75 g Zitronat
- 125 g gemahlene Mandeln
- 125 g gemahlene Haselnüsse
- Oblaten (6cm Durchmesser)
- Backpapier

Zum Bestreichen und Deko:

Kuvertüre (im Wasserbad) und abgezogene Mandeln oder je eine Walnusshälfte.

Backzeit: 15 – 20 Minuten
Elektroherd: 200 °C
Gasherd: Stufe 3

Die Zubereitung des Teigs empfehle ich in einer Schüssel. Ich benutze eine alte griechische Keramikschüssel, in der das doppelte oder gar dreifache Zutatenvolumen genügend Platz hat.

Als erstes die Eier schaumig schlagen, dann Zucker (gerne Braunen) und Vanillezucker unterrühren, weiterschlagen, bis die Masse hell und cremig ist. Nelken, Zimt, Rum Aroma, das feingehackte Zitronat, Mandeln untermischen, dann die gemahlenen Haselnüsse unter den Teig rühren.

Dabei darauf achten, dass der Teig streichfähig bleibt, eventuell etwas der gemahlenen Haselnüsse zurückbehalten.

Den Teig mit einer großen Gabel auf die Oblaten häufen, sodass man die Ränder gut abstreichen kann, auf ein Backblech legen (Backpapier nicht vergessen) und backen.

Mit der Hitze eher etwas zurückhaltend sein, da die Lebkuchen in der Mitte noch etwas weich bleiben sollten. Lebkuchen werden eher getrocknet als gebacken. Herausnehmen, abkühlen lassen, mit Schokoglasur (Kuvertüre) bestreichen und mit abgezogenen Mandeln oder jeweils einer Walnusshälfte dekorieren.

Noch ein Wort bezüglich der Weihnachtsgewürze: Pottasche wird oft gelobt, ich werde mich mit ihr niemals mehr anfreunden. Stattdessen bin ich ein Freund von Lebkuchen-Gewürz, das man bereits fertig gemixt bekommen kann. Auch Muskatnuss finde ich in Maßen gut geeignet für die Weihnachtsbäckerei.

Curcuma ist eins meiner Lieblingsgewürze, dass ich an fast jeden Kaffee, jedes Gericht und auch Backteig gebe. Curcuma ist bekannt u.a. für die unterstützende Wirkung bei Gelenkproblemen. Die sonnige Gelbfärbung ist ein zusätzlicher Bonus.

Und auch hier gilt: Wenn sie abgekühlt sind, kann man sie wunderbar in Keksdosen aufbewahren. Im Kühlschrank halten sie gut gekühlt, bis Weihnachten frisch. Theoretisch. Eine Extra-Reserve-Versteck im Kleiderschrank ist unbedingt zu empfehlen!

So, nun denke ich eigentlich, dass wir noch zu anderen Themen kommen sollten, als „nur" der Weihnachtsbäckerei...aber ein letztes Rezept darf hier nicht fehlen. Es ist der traditionelle Geburtstagskuchen meines Vaters, den meine Mutter ihm alljährlich zum 12. Dezember in einer großen Form gebacken hatte (fast 60 Jahre lang).

Da mein Vater sein ganzes Leben für die Lufthansa (und vorher für die Pan Am) gearbeitet hat, bot es sich an, zu seinem Geburtstag mit einem Trolley von Büro zu Büro zu ziehen, und alle an der Köstlichkeit teilhaben zu lassen: Der berühmte Mohnstollen!

Lange habe ich versucht meine Mutter dazu zu bewegen, dass sie ihr wohl gehütetes Geheimnis zu Papier brachte. Ein Jahr bevor sie mit über 80 Jahren starb, durfte ich ihr endlich einmal bei der Zubereitung assistieren, wo ich natürlich alles notierte.

Teilweise musste ich auch hier auf mein gutes altes Backbuch zurückgreifen, um ja nichts Wesentliches zu vergessen.

Als Backform benutze meine Mutter immer wie sie zu sagen pflegte „die große gusseiserne Entenpfanne", die nach dem Backen, abgedeckt mit Alufolie (Pfui Teufel, wie schlecht für unsere Umwelt) für mindestens eine Woche auf dem kühlen Balkon das Aroma entfalten konnte. Für den Kühlschrank, der damals noch keine Schrankgröße besaß, wäre die Form allemal zu groß gewesen.

Für Papas Geburtstagsstollen nahm meine Mutter immer die doppelte Menge der folgenden Zutaten, die dreifache Menge Mohn und ganze Haselnüsse.

Papas-Traditions-Mohnstollen

Zutaten für die Füllung:

- 250 g gemahlener Mohn
- 200 ml Milch
- 100 g Zucker
- 50 g Butter (weiche)
- 50 g Rosinen
- 50 g gehackte Mandeln
- 200 g Haselnusskerne (ganz)
- 1 Päckchen Vanillezucker
- Abgeriebene Schale von einer Bio-Zitrone

Für den Teig:

- 400 g Mehl
- 20 g Hefe (ein Würfel)
- etwas lauwarmes Wasser
- 50 g Zucker
- 1/8 Liter lauwarme Milch
- 100 g weiche Butter
- 1 Ei
- Eine Prise Salz

Außerdem:

- Etwa 150 g zerlassene Butter zum Bestreichen
- 2 Päckchen Vanillezucker
- Puderzucker zum Bestäuben
- Eine große Backform, z.B. einen Bräter, der mit weicher Butter gut eingefettet werden muss

Backzeit:	35 bis 40 Minuten
Elektroherd:	180°C
Gasherd:	Stufe 3

Inzwischen gibt es fertige Mohn-Mix-Packung, mit denen ich gute Erfahrungen gemacht habe. Wer die nicht benutzen möchte, oder sich lieber an die ursprüngliche Zubereitung halten möchte, geht wie folgt vor:

Mohn, Milch und Zucker unter Rühren langsam erwärmen und kochen lassen, bis die Milch fast aufgenommen ist. Vom Herd nehmen, die Butter in Flöckchen zusammen mit den gewaschenen, getrockneten Rosinen, Mandeln, (ganzen) Haselnüssen, dem Vanillezucker und der Zitronenschale unterrühren und abkühlen lassen. Meine Mutter pflegte etwas Grieß beizufügen.

In das gesiebte Mehl eine Mulde drücken, die Hefe darin mit Wasser und wenig Zucker verrühren und ca. 15 Minuten gehen lassen. Ich habe gute Erfahrungen damit gemacht, die Hefe vorab mit dem lauwarmen Wasser 15 Minuten (zugedeckt) gehen zu lassen, und erst dann dem Mehl zuzugeben.
Die restlichen Zutaten zufügen, den Teig schlagen, bis er Blasen wirft und sich vom Schüsselrand löst. An einem warmen Ort (mit einem Tuch abgedeckt) gehen lassen, mindestens 20-30 Minuten. Dann kneten (alles mit der Hand) und gut 1 cm dick ausrollen. Mit etwas Butter bestreichen und die Mohnmasse in der Mitte verteilen.

Knapp ein Drittel des Teiges über die Füllung klappen und das andere Ende darüber andrücken und leicht einkerben. Noch mal gehen lassen, dann auf der unteren Schiene des vorgeheizten Backofens backen. Während der letzten 10 Minuten häufig mit Butter bestreichen und nach dem Backen dick zuckern.

Erst wenn der Mohnstollen gut abgekühlt ist, sollte man ihn mit Hilfe eines Siebes, reichlich mit Puderzucker bestreuen. Der Stollen hält sich, ähnlich wie auch der englische Christmas Cake, sehr lange frisch. Am besten man deckt ihn mit dem dazugehörigen Deckel der Bratform (Backform) ab, sodass man ihn im Winter gut nach draußen stellen kann. Eventuell kann man die abgedeckte Backform zusätzlich noch mit einer Decke umwickeln, sodass sie gut geschützt vor eventuellen Dieben (und Leckermäulern) auch die Nächte gut übersteht.

Den englischen Christmas Cake habe ich schon angedeutet. Habe gezögert, ob ich ihn hier ebenso aufnehmen sollte, da dieser wundervolle Schatz zum Kulturgut der britischen Backkunst gehört. Aber da mein Mann Engländer ist und ich sogar seinen Namen angenommen habe, wage ich es doch. Das Heimweh meines Mannes Oliverist selten so groß, wie in dem Moment, wo er das erste Stück Christmas Cake im Dezember probieren darf. Zu Beginn unserer Ehe habe ich mich nicht gewagt, die Backkünste der Engländer, oder gar meiner Schwiegermutter, herauszufordern. Aber inzwischen ist mein Mann ein gutes Barometer und des Lobes voll, sodass es mir inzwischen eine Freude bereitet, ihm (und auch mir) damit eine Freude zu bereiten. Als mein Mann seine Mutter bat, ihr Familienrezept des englischen Christmas Cake mit uns zu teilen, war ich über ihre Antwort überrascht:

Dear Oliver& Tinta

Christmas cake recipe I promised. The cake is exactly the same as the one I make from the recipe in my book.
Let it stand for about a month before eating. Keep it in a tin.
Hope you are all keeping fit and well.
Love

Mum xxx

Das von Jean beigelegte Rezeptbüchlein ist das, von der berühmten *Delia Smith*, welches ich nicht unbedingt zitieren möchte.

Dezember 2014

Die Weihnachtsbäckerei ist mir in diesem Jahr besonders gut gelungen. Das hat man vor allem daran gemerkt, dass der Vorrat in rasender Geschwindigkeit schmolz. Die Lebkuchen habe ich zum Teil mit kandierten Kirschen und Haferflocken variiert, auch sehr lecker!

Oliver notierte am 30th Dec 2013

We had a good crop of red potatoes this year, over 70 kilos. This was from only half of the growing area. The potatoes themselves were good, this was despite the ravages of the „kartoffeln kieffer". This is a yellow and brown striped beetle, known to us in the U.K. as the „Colorado Beetle ". This is a notifiable event in the U.K. The government must know to stop the spread. They burn your farm down, ha ha, joke. But apart from destroying all the bugs and a bit of watering (täglich!), we did not really look after the plants. Next year I must make the trenches and hills better and keep piling up more earth to encourage more potatoes to grow under the soil. We planted in mid to late May. Maybe a week or two earlier next year.

Roberts Kartoffeln waren sehr lecker. Von September bis Anfang Dezember haben sie gereicht. Jetzt haben wir 150 kg für 36 Euros beim Bauern bestellt. In diesem Jahr scheint es Kartoffeln im Überfluss zu geben, sonst wäre der Preis höher. Die Sorte scheint die gleiche zu sein, festkochend, aber mit rötlicher Haut.

31. Januar 2014

Es ist Nacht, ca. 4am. Ich kann nicht schlafen, weil Oliver nicht schlafen kann. Er macht sich zu viele Gedanken, die lieben Finanzängste. Neben mir schnurrt auf der Sessellehne Kater Kaya. Er hatte sich in den vergangenen Wochen flegelhaft benommen und sollte eigentlich bis auf Weiteres draußen leben. Aber bei dem Kälteeinbruch ist das nicht wirklich machbar. Ich habe mir einen Tee mit Honig aufgebrüht: Schlaf- und Nerventee! Und das letzte Stück Rosinenkuchen wartet auf seinen Moment. Für Jakob hatte ich extra einen kleinen Kuchen (Napfkuchen) ohne Rosinen gebacken. Ich denke, dass es wichtig ist, dass mein Sohn weiß und spürt, wie sehr ich ihn liebhabe. Solche Gesten, wie einen Extrakuchen, zeigen ihm das, so hoffe ich.

Gestern war ich bei einem Jobinterview in Ziesar. Eine Frau Köhlmann hat das Gespräch geführt. Ich hab mich informiert, welche Möglichkeiten es für mich gäbe in der mobilen Pflege zu arbeiten. Für einen 6-Stunden-Tag, Schichtdienst, verdient man monatlich 1000 €, nach Steuern. Dafür muss man den pflegebedürftigen Menschen helfen, sich zu waschen, duschen, abtrocknen, Frühstück zubereiten, oder Abendbrot, Betten machen. Es ist sicher auch ein sozialer Dienst am Mitmenschen, den man leistet. Ich weiß nur nicht, ob ich das wirklich kann und meine Kunst und alle kreativen Kräfte (wie der Stift grade), nicht für immer versiegen! Das ist ein deutliches Zeichen.

Werde jetzt Kater, Kuchen und Tee genießen und dann versuchen die Nacht mit Schlaf zu füllen. Morgen gibt´s Zeugnisse! Ich werde Sohnemann und Schulfreundin von der Schule abholen. Ich würde zu gerne wissen, ob die beiden ineinander verliebt sind (die Teenager sind 12 bzw. 13). E. ist ein hübsches Mädchen. Klug scheint sie auch zu sein, und so ganz anders als die meisten. Was sich Mütter immer nur gleich denken.

6. Oktober 2014

Habe zum ersten Mal aus Ziegenmolke und Kefir einen traumhaft lockeren Hefekuchen gebacken, ohne Milch. Mit Mehl, Zucker, Hefe, Öl und Molke. Kirschen und Streusel obenauf.

Maggis Milch ist wunderbar, versorgt uns alle mit Milch, Molke, Mozzarella (alles mit M), Quark und Kefir. Jakob kann sie am besten melken. Circa 1 ½ Liter sind es pro Tag. Auch habe ich eine dankbare Abnehmerin auf dem Gut Schmerwitz. Frau Voigt holt zweimal wöchentlich jeweils 1-2 Liter Molke und zahlt mir pro Liter 3 €. Die gelb-grün nebelige Molke hilft ihrer Gesundheit immens, sie schwört drauf. Nur zu.

Gestern am 12. Oktober hatten wir einen leckeren Wirsingeintopf, mit Lamm- und Ziegenfleisch vom Vortag. Samstag hatten wir Besuch von Josephine und Malcolm. Sie hatten sich zum ersten Mal getroffen und hatten somit ihr Blinddate bei uns. Ich denke die beiden würden schon gut zusammenpassen. Josephine hat uns als Dessert eine absolut köstliche Mandarine-Käsesahne-Torte mitgebracht – einfach nur göttlich! Das ist pures Hüftgold. Nun ist diese Woche erstmal Pause mit all den Leckereien.

Ernährung ist ein wesentlicher Teil unseres Wohlbefindens. Und ich bin froh, dass wir auf einem Bauernhof leben und versuchen uns selbst mit gesunden Lebensmitteln zu versorgen. Gestern hat uns übrigens der kleine Bäcker Ulli Lenz vier Bio-Brote gebacken.

1 kg Dinkel, 3 kg Roggen, 2 kg Weizen.

Oliver notierte am 2. Dezember 2014

Made Mirabelle jam from the wild fruits, collected in June/July near Köpernitz. Got it to set so that was a good result.

Samstag, 20. Dez. 2014

morgens um 4:40 am, kann nicht schlafen, bin so aufgeregt!!! In weniger als 6 Stunden werden wir den „Kunst & Trödel" offiziell eröffnen. Wir haben sogar ein richtiges Gewebe beim Finanzamt angemeldet. Es soll richtig schön werden und im Gedanken gehe ich immer wieder die Dinge und Handgriffe durch, die noch erledigt werden müssen. Auch einen Spendenaufruf für die Dachsanierung unseres Backhauses. Die Absperrung zur Treppe, wo Stufen und ein Geländer fehlen…der Tisch für Glühwein und Kuchen…etc. Aber das meiste ist getan.

Der Weihnachtsbaum vorm Haus ist geschmückt und es ist alles schön dekoriert und nach Themen arrangiert. Papa ist ein Schatz, er hat uns so viel geholfen. Seine Ikonen, Bilder und Kuckucksuhren sehen wundervoll aus. Nach und nach will ich das Sortiment ergänzen, mit selbstgenähten Schlafmasken und Kissenbezügen, selbstgekochten Marmeladen und anderen Kleinigkeiten, vielleicht auch Postkarten aus England.

Ich muss mich ausruhen, brauche die Kraft für diesen Tag. Der krönende Abschluss wird das Buckautaler Weihnachtssingen in der Kirche mit anschließenden Lammbraten-Essen bei uns. Oliverund Jakob waren auch eine große Hilfe beim Aufbau und Verteilen der Einladungen im Dorf. Hoffen wir, dass es nicht so viel regnen wird wie gestern. Und dann können wir einer besinnlichen Weihnacht entgegenblicken.

Unser allerersten Trödel-Samstag war ein großer Erfolg! Die Annonce in der regionalen Zeitung „Brawo" brachte uns ca. 30-40 Besucher. Unsere Schätze umfassen: Schallplatten, Kassetten, CDs, schöne alte Holzfenster, Kleidung, Shabby Chic Möbel, altes Werkzeug, schönes altes englisches Geschirr, selbstgekochte Marmeladen, Modeschmuck, Kuckucksuhren, Spinnräder, Bücher, noch mehr Bücher, Ikonen, Playmobil, Puppen mit Porzellanköpfen, Marionetten, alte Nähmaschine, Lampen, Taschen, Küchenhelfer aus Großmutters Zeiten und in der Dekoration all der schönen Dinge, viel Liebe zum Detail. Teelichter und viele zarte Lichterketten rundeten das Bild so ab, wie man es sich im Herzen ersehnt hatte.

Mehrere Liter Glühwein konnten wir anbieten und einen Liter Marzipantee. Dazu gab es Stollen und Kekse. Der Duft, die Weihnachtsklänge von Bing Crosby und unverhoffter Sonnenschein, bescherten uns den gelungenen Zauber, mit überraschend guten Einnahmen (für eine weitere Holzlieferung im Januar). Wir wollen es jeden Monat wiederholen.

Anm: Ein ganzes Jahr haben wir durchgehalten, dann meldeten wir das Gewerbe wieder ab. Es war mehr ein Hobby als alles ein Business. Meine

Genugtuung war hauptsächlich, den vielen schönen Dingen, die Chance auf ein neues Leben zu geben. Das ist uns gelungen. Und eine unvergessliche Erfahrung war es allemal.

Boxing Day, 26.12.2014

Mein hausgemachter englischer Weihnachtskuchen (Früchtekuchen a la Delia Smith) ist wirklich gut gelungen. Zum Glück hatte ich zwei gebacken, da er Oliverso gut geschmeckt hat. Das nehme ich als Kompliment. Heute kommt Josephine zu Besuch, sie bleibt bis zum 29. Dezember. Es gibt Kaninchen mit Klößen, Rotkohl und Rosenkohl. Zum Nachtisch Bratäpfel mit Vanillesauce und Vanilleeis. Am Heiligabend haben wir bei Kathy, Freddy und Elias in Berlin gefeiert, das war ein Highlight! Kathy hat eine zarte Ente gezaubert, sehr lecker. Zum Frühstück gab es English Breakfast von Oliverund auch von meinem zweiten Christmas Cake. Nur schade, dass Kathy keine Rosinen mag. Zwei Stücke konnte ich noch für Josephine abzweigen, der Rest ist verputzt!

16. Februar 2015

Noch immer erfreue ich mich an Maggies Ziegenmilch oder Mozzarella auf der Quiche, den ich ab und zu, statt Pizza, an Freitag Abenden backe. Dazu gibt es frischen Salat. Zu dieser Jahreszeit leider keinen aus dem eigenen Gemüsebeet. Es ist erstaunlich, dass unsere Ziege seit mehr als einem Jahr, durchgehend Ziegenmilch abgibt. Von dem Böckchen hatten wir uns ja trennen müssen, und wenn es nach mir geht, muss es auch nicht wieder dazu kommen, dass sie tragend wird.

Gestern hatten wir einen schönen Sonntagsbraten – Lammrücken, den wir mit einer ganzen Zitrone, Knoblauch, Möhren und Lauch, sanft bei 130°C über 4 Stunden gegart hatten. Dazu gab es grüne Bohnen (hatte noch tiefgefrorene aus eigener Ernte), Blumenkohl und Kartoffeln. Köstlich!

Freddy war da, mit Elias und ihren Freunden, seinem Griechen Andreas mit Sohn Nicolas. Retzina-Wein haben sie uns mitgebracht, passte wunderbar zum Lamm. Obwohl mir griechischer Wein oft nur im Urlaub schmeckt, aber diesmal schmeckte er mir auch hier, fernab von der Sonne und dem Klima Griechenlands im deutschen Winter.

Als Dessert gab es Kuchen und Eis. Besonders der süße Elias hat sich darüber gefreut. Die Kinder waren gar nicht zu bremsen, haben im Heu getobt, frische, noch warme, Ziegenmilch getrunken, die Tiere (Schafe und Ziegen) gefüttert und sind als Krönung eine Runde auf Joey geritten. Jakob hat sie festgehalten, und so waren sie im Schritt (zu dritt: 45 kg + 15 kg + 15 kg = 75 kg) gemütlich eine Runde unterwegs und strahlten wie die Honigkuchen. Ich habe Joey natürlich geführt und als die kleinen Möpse wieder auf sicherem Boden waren, durfte Jakob sogar alleine noch eine Runde auf dem Platz drehen. Unser Hof ist in solchen Momenten ein Segen.

Heute gab es die ausgekochten Knochen und noch kleinere Reste vom Lamm als Suppe. Jakob mag Suppen gar nicht so gerne, aber ich konnte ihn überreden, ein wenig von dieser doch zu probieren.

Eigentlich und wirklich muss ich 5 bis 10 Kilo abnehmen! Ich will es nun mit der sogenannten Teilzeit-Fasten-Methode versuchen: 8 Stunden täglich normal essen, 16 Stunden täglich nichts mehr, außer Tee und Wasser. Es ist ja schließlich auch Fastenzeit (heute ist Rosenmontag wohl eher nicht…) und super gesund soll es auch sein. Vorbeugend gegen alles Mögliche, sogar Krebs und für ein langes, gesundes Leben…

Vornehmen mag man sich oft Einiges, aber ob man es dann auch wirklich durchzieht, das steht auf einem anderen Blatt.

In der großen Gefriertruhe haben wir übrigens noch sehr viel Lammfleisch. Das letzte Mal haben wir einen 10 Monate alten Lamm-Bock schlachten lassen. Geschlagene 4-5 Stunden habe ich selbst mit einem scharfen Messer alles portionsweise zerlegt. Der Fleischer hat mir das eingebrockt!

Er hatte so kurz vor Weihnachten zu viel zu tun und so hat er mir kurzerhand ein scharfes Messer zum Sonderpreis verkauft. Das nächste Mal wird es wohl Salami geben... So eine Sauerei mach ich nie wieder!

In der unteren großen Küche hatte ich den 3 Meter langen Holztisch mit einer Plastikdecke geschützt, bevor das große Gemetzel losging. Vor allem musste ich höllisch aufpassen, mir mit dem Rasiermesserscharfen Metzgermesser mir nicht selbst einen Finger gleich mit abzuschneiden (ein Vegetarier hätten es mir insgeheim sicher fast gewünscht...). Also, höchste Konzentration! Und vor allem, woher weiß man, welches Teil des Lammes wie verarbeitet werden soll... das war mehr als eine Herausforderung, es war eine Zumutung.

Schließlich habe es mit größter körperlicher Anstrengung geschafft, die Portionen zu verpacken, zu beschriften und direkt in die Gefriertruhe zu verstauen. Zumal ich mir ständig die Hände waschen musste und niemand durfte an diesem Tag sich mir oder der Küche auch nur annähern. So eine Anspannung hatte ich lange nicht erlebt und konnte mich auch erst beruhigen, als ich nach vollbrachter Höchstleistung endlich im heißen Schaumbad untertauchte. Dabei beschloss ich, dass es nun das alllletzte geschlachtete Lamm überhaupt gewesen sein sollte. Nein, so wollte ich das niemals noch einmal erleben. Basta.

Kurz darauf, also im Frühling, haben wir unsere 6 Schafe komplett als Herde verkauft. Wir hatten sie online annonciert und innerhalb weniger Tage hatte sich ein optimaler Platz für sie gefunden. Sie sollten als Rasenmäher um die großen Kuhweiden ihr neues Leben finden, die einem freundlichen Jungbauern in Sachsen-Anhalt gehörten. Wir wurden uns schnell einig.

Wir hatten sowieso für die Schafe langfristig nicht genug Weideflächen.

Für die Pferdehaltung, als Koppel für zwei Pferde geht es aber noch.

Von Herrn Wegner haben wir uns noch 150 kg rote Kartoffeln besorgt und 50 kleine Strohballen.

Unsere Hühner legen nun seit 2 Monaten nicht so gut wie früher. Die rotbraunen Hennen sind alt und machen eventuell eine Pause. Die neuen Hennen legen kleine Eier. Oliverführt genau Buch. Es waren früher 7-10 Eier pro Tag. Momentan legen sie das pro Woche!

Unser neuer weißer Hahn, Hansi, ist nach wie vor friedlich und umgänglich. Schlachten mag ich die Hühner sowieso nicht, höchstens mal als Suppenhuhn. Aber selbst das muss nicht unbedingt sein.

Ca. 15 kg helle, süße, köstliche Weintrauben durften wir ernten. Der Standort scheint der Weinrebe an der Ruine zu gefallen. Es ist schon ein Wunder, wie alles wächst und gedeiht. Im nächsten Jahr wollen wir uns mehr auf den Garten und das lang ersehnte Gewächshaus konzentrieren. Vielleicht hat sich bis dahin auch der „Wisteria-Blauregen" etabliert. Ich habe allerdings gelesen, dass diese Pflanze leider nicht nur schön anmutet, sondern u.a. hochgiftig ist. Und so habe ich sie vom Innenhof verlagert, zum ehemaligen Silo, unweit der Wasserpumpe. Ich hoffe sie nimmt es mir nicht übel und wird endlich einmal mit dem Blütenzauber beginnen. Gestern war ich bei der Ärztin Annemarie Wendland, die mir mit meinem schmerzhaften Nacken weiterhelfen konnte. Auch meint sie über kinesiologische Armtest herausgefunden zu haben, dass wohl eine berufliche Tätigkeit in Richtung Gastronomie bei uns hier in Buckautal angesagt wäre. Ich meinte nur, dass ich mir vorstellen könnte, Kurse und Workshops über das Thema „Selbstversorger" oder Ähnliches zu geben. Oliverist von der Idee nicht begeistert. Ich suche weiter nach dem, was mir bestimmt ist.

22. November 2015

Auch die beiden Ziegen, Meggie und Liesel, haben nun ein neues zu Hause gefunden. Sie sind bei Hannover/ Springe, bei Familie Mischke, die sonst Milch-Schafe züchten. Wir hatten großes Glück, ein so gutes zu Hause für sie gefunden zu haben. Die beiden Böckchen waren auch dabei. Nun brauchen sie nicht mehr ausschließlich Muttermilch, sie fressen inzwischen ebenso Grünes. Einen der letzten übriggebliebenen Ziegenkäse haben wir diese Woche genossen, in Olivenöl und Himalaya-Salz eingelegt, sehr lecker! Nun haben wir noch zwei Mozzarella in der Tiefkühltruhe.

Die Quiche, die ich Freitagabend gebacken hatte, krönte ein paar restliche Löffel Ziegen Schmand. Ein kaltes Stück habe ich auf dem Toaster erwärmt und es war fast noch besser als am Abend zuvor. Tja, man weiß erst, was man hatte, wenn man es nicht mehr hat!

Wir mussten uns entscheiden, weil wir in Zukunft wieder mehr reisen wollen. Die Pferde, Joey und Kessy, können wir immer mal für ein paar Tage bei Roswitha lassen. Die Koppel, auf der ihre Stuten grasen, ist riesig.

Mehre Kilometer lang, aber nur ca. 100 m breit. Zum Austoben genau das Richtige.

Hier sitze ich nun nachts um 2.15 am und kann nicht schlafen. Ich erlaube mir, wie so oft, nur in der Nacht zu schreiben. Ich rede mir ein, es sei Luxus, den ich mir tagsüber nicht gönne. Es sind aktuell so unsichere Zeiten, dass man nicht weiß, was die nächsten Jahre bringen. Natürlich ist man froh, hier in Buckautal in Sicherheit zu sein. Die Großstädte, wie Paris, Hannover oder auch in Belgien, sind Orte, die vom Terrorismus bedroht werden.

Am Freitag, dem 13. November, gab es ca. 6 große Terroranschläge in Paris, mit vielen Toten. Kurz zuvor, am 20. Oktober, waren Jakob und Opa (mein Sohn und mein Vater) in Paris gewesen. Für einen Kurztrip, 2 Nächte mit Sightseeing. Wir sind unendlich froh, dass sie nicht unter den Opfern waren.

Eigentlich sollte ich hier hauptsächlich über Rezepte und Kulinarisches schreiben...sorry.

Unsere Küche, hier im ersten Stock ist fast fertig. Es sieht kaum mehr wie eine Baustelle aus. Auch die beiden Kaminöfen funktionieren gut und wir können wirklich stolz darauf sein, was wir in der Zeit vom 8. August 2011

(Einzug, von England/Gargrave nach Buckautal, Potsdam Mittelmark) bis heute geschafft haben. Es existieren viele, viele alte Fotos. Man kann kaum glauben, wie es früher hier aussah. Ein anderer hätte sich an dieses Projekt wohl kaum herangewagt. Nun ist auch seit zwei Wochen das Dach des Backhauses gedeckt und wir können neue Pläne umsetzen.

Das Wichtigste bei alldem ist, dass Oliver und ich uns in dieser anstrengenden Sanierungsphase nicht auseinandergelebt haben, sondern eher noch enger zusammengerückt sind.

Jakob ist mit seinen 14 Jahren ein junger, attraktiver Mann geworden, der so ziemlich gar nichts Kindliches mehr hat. Ich wünsche ihm von Herzen gute Freunde und viel Lebensfreude.

Kartoffelsalat

Der traditionelle Kartoffelsalat zum Heiligabend sollte am Vorabend zubereitet werden (also bereits am 23. Dezember). Ich persönlich mag ihn lieber ohne Mayonnaise, süß-sauer, aber das ist natürlich Geschmacksache. Die Menge ist logischerweise abhängig davon, wieviele Personen zum Fest eingeladen sind:

Für 6 Personen

- Ca. 2 kg festkochende Kartoffeln
- 4-5 schöne Tomaten
- 1 Schlangengurke
- 1 Glas Cornichons (das eingelegte Gurkenwasser ist entscheidend für den leicht süß-sauren Geschmack)
- Pfeffer aus der Pfeffermühle
- Meeressalz im Mörser zerkleinert oder Hymaliasalz
- Evtl. Kurkuma und Muskat
- Kräuter nach Lust und Laune
- Wenig Olivenöl

Gekochte Pellkartoffeln pellen und kleinschneiden, salzen und pfeffern, mit Gurkenwasser der Cornichons abschmecken. Tomaten kleinschneiden, sowie die geschälte Schlangengurke und Cornichos. Alles gut vermengen und über Nacht im Kühlschrank ziehen lassen. Kurz vor dem Servieren mit etwas Olivenöl und Kräutern abschmecken.

Guten Appetit und Fröhliche Weihnachten!

Buckautal, 24. Dezember 2015

Es ist der Morgen von Heiligabend, 8:05 am, und der Tag hat bereits Morgenröte. Man sieht sogar den Himmel, wie er sich hellblau färbt; es wird hell. Der erste Kaffee schmeckt, gemeinsam mit Kaki-Früchten und einem frischen Lebkuchen. Die Elisen-Lebkuchen sind mir in diesem Jahr besonders gut gelungen! Also habe ich nicht nur für die Kirchengemeinde, anlässlich des monatlichen Orgelkonzerts, gebacken, sondern noch einmal für unsere Familie. Zum Glück haben die Hühner rechtzeitig ihren Streik beendet und ich muss nicht alle Stunde die Nester kontrollieren, ob es mir nicht doch noch ein Ei herbeizaubert… Auch im Heu, zwischen den beiden großen Pferdeställen, mögen die Hühner eine Stelle, wo sie gern ihre Eier verstecken. Nur gut, dass sie nicht wissen, dass ich, sobald ich ihre Tür öffne, die Eier sofort in einer Schüssel einsammeln kann, sie purzeln mir fast entgegen! So haben wir zu Weihnachten eine fast österliche Eiersuche.

Ich will hier noch kurz erwähnen, wie gut unsere Ernte von Pflaumen und die vielen Schlehen, und wunderbare Liköre geschenkt haben. Ein Hochgenuss! Wir haben nun viele kleine Fläschchen, ca. 300 ml, abgefüllt, und den Schlehenlikör als Weihnachtsgruß übergeben. An meine Brüder und Familie, an Roswitha Wipf, an unsere lieben Freunde in Minden; auch bekommen die Freunde in der Muna und Josephine davon etwas ab. Gandows nicht zu vergessen.

Auch der Pflaumenrum und die daraus getränkten Früchte, sind lecker. Viele Pflaumen sind noch immer eingefroren, dank der großen Gefriertruhe, in der unteren Küche.

Nun kräht der Hahn zum X-ten Mal und will mir sagen, vergiss uns nicht!
Auch die Pferde will ich gleich füttern und dann noch ein paar Bahnen der schönen, neuen blau-weißen „Toiles De Jouy" Tapetenbahnen zuschneiden und den angerührten Kleister noch verbrauchen. Bis es am 26./27. weitergeht. Das Gerüst im Hausflur ist so lästig, immer muss ich mit den schweren, heißen Schüsseln dort hindurchkrabbeln, fast wie in einer Zirkusnummer. Aber durch die Höhe, die über 5 Meter langen Bahnen im Treppenhaus, geht es nun mal nicht anders.

Noch ein Wort zum Essen: heute nach dem Krippenspiel haben wir unsere Bescherung am Kamin. Danach wollen wir gemeinsam (Oliverund ich) italienische und Antipasti aus Süd-Frankreich servieren.

Ein Salat ist mit Garnelen, Reis und Oliven und nennt sich „Salad Camarguaise" (inzwischen einer meiner Lieblingsrezepte). Dann gibt es eine Zwiebel-Sardellen-Quiche „Pissaladiere", die bekannten Bruchetta, Pilze gratiniert „Funghi Gratinati" und gefüllte Auberginen „Melanze Ripiene".

Weihnachten ist doch die Zeit der Besinnlichkeit und eigentlich sollten wir mit mehr Achtsamkeit im Hier und Jetzt, einfach nur die Gemeinschaft der Familie genießen und wertschätzen lernen. Nicht immer nur etwas leisten müssen. So sollte es im besten Fall sein. Aber wem gelingt das immer? Darum zu wissen ist ein Anfang in die richtige Richtung.

Wenigstens das Rezept meines Lieblingssalates möchte ich hier festhalten, den köstlichen „Salad Camarguaise", wie der Name bereits verrät, stammt er aus der Camargue.

Salad Camarguaise

- 1 Zwiebel
- 2 Zweige Thymian
- 1 Lorbeerblatt
- Salz, 200 g roter Camargue Reis (habe stattdessen auch schon Jasminreis genommen)
- Je 1 rote und grüne Paprikaschote
- 4 Tomaten (ca. 300 g)
- 2 Knoblauchzehen
- 50 g grüne Oliven ohne Stein
- 8 Sardellenfilets (Anchovis) in Öl
- 150 g gegarte, geschälte Garnelen
- 1 TL scharfer Senf
- 3 EL Rotweinessig
- Pfeffer, 6 EL Olivenöl
- Basilikumblättchen für die Deko.

Zubereitungszeit ca. 45 Minuten.

1. Die Zwiebel schälen und halbieren. Den Thymian waschen. Knapp 1 Liter Wasser mit Thymian, Lorbeerblatt und Zwiebeln zum Kochen bringen.
2. Das Wasser salzen und den Reis hinzugeben. Zugedeckt bei schwacher Hitze garen, Camargue Reis braucht ca. 45 Minuten, dann abgießen und abkühlen lassen. Zwiebeln und Kräuter entfernen.
3. Die Paprikaschoten waschen, halbieren, putzen, dann in kleine Würfel schneiden. Die Stilansätze (wie immer) aus den Tomaten herausschneiden. Tomaten überbrühen, kalt abschrecken, häuten und ebenso klein würfeln.

4. Knoblauch schälen und fein hacken. Oliven, Sardellen und Garnelen abtropfen lassen, die Sardellen vierteln.
5. Den Senf mit Essig, Salz und Pfeffer vermischen, Olivenöl unterschlagen, bis eine cremige Sauce entstanden ist.
6. Dein Dies mit dem Gemüse, Knoblauch, Oliven, Sardellen, Garnelen und er Vinaigrette mixen und kräftig abschmecken, mit Basilikumblättern dekorieren.

Der Aufwand und die Vorbereitungszeit lohnen sich! Lassen Sie es sich schmecken und genießen Sie dieses Festessen mit allen Sinnen. Ich empfehle den Salat, ein kleines feines Essen, am Tag zuvor zuzubereiten, damit sich alle Aromen gut entfalten können. Am nächsten Morgen, nach dem eigentlichen Festessen (sollte etwa noch ein wenig davon übriggeblieben sein) eignet er sich wunderbar als Katerfrühstück, mit einem Glas eiskalten Pro Secco. Wohl bekomm's!

„Geselliges Vergnügen, munteres Gespräch, muss einem Festmahl die Würze geben."

William Shakespeare (1564-1616)

Am ersten Feiertag, dem eigentlichen Weihnachtsfest in England, bereiten wir Reh- und Wildschweinmedaillons in Portwein-Sahnesauce zu. Dazu gibt es Klöße, Rotkohl, Grünkohl, Rübchen und Pastinaken.

Am zweiten Feiertag haben wir Lachs nach kanarischem Rezept, „Papas arrugadas mit Mocho rojo" und frischem Salat. Anm. dieses Rezept ist ein fester Bestandteil unserer wöchentlichen Tradition geworden. Es ist nicht nur köstlich, sondern rundherum gesund: Das heißt, reichlich Olivenöl und Knoblauch in der Pfanne erhitzen, gut gebraten schmeckt der Lachs einfach wonderful mit den kleinen kanarischen Kartoffeln (die Kartoffeln eines jeden Landes tun es auch) „Papas arrugadas". Da wir im Keller immer einen Kartoffelvorrat haben, suche ich einfach die kleinsten heraus. Gut gewaschen kommen sie in einen großen Kochtopf mit Salzwasser (man nimmt idealerweise Meereswasser des Atlantiks, falls das gerade passt) und einem Schuss Zitronensaft. Falls man kein Atlantikwasser verfügbar hat, tut es natürlich auch das grobe Meersalz, dass man überall kaufen kann (eine halbe Tasse sollte es schon sein). Wenn die Kartöffelchen gar sind (ca. 10 Minuten) und das Wasser abgegossen ist, stellt man sie noch im warmen Topf an einen warmen Platz, damit sich das Salz gut an der Schale absetzen kann.

Vorher hat man den Salat nach eigener Vorliebe zubereitet. Ich nehme gern Eisberg- und Chinakohlsalat sowie Chicorée, frische Mohrrübe, Tomate, ein wenig Gurke (Schlangengurke) und immer kommt auch eine Frucht hinzu. Die Kanaren lieben ihren Salat, wenn er etwas fruchtig und süß schmeckt. Auch hier habe ich schon experimentiert. Ich finde Orangenfilets passen am besten. Aber auch ein geschälter und kleingeschnittener Apfel macht sich eben so gut wie Blaubeeren, Himbeeren oder Kiwi. Allerdings sollte man die Früchte nicht mischen, sondern immer nur eine Frucht für den kanarischen Salat auswählen. Schließlich soll es kein Obstsalat werden. Zum Salat passt ein French-Dressing, aber gern auch andere.

Meine berühmte kanarische *Mocho rocho* hat folgende Zutaten (bitte je nach Gusto die Mengen bitte selbst variieren):

- 1 rote Paprika
- 1 ganze Knolle Knoblauch (geschält)
- 1 Teelöffel Meersalz
- 1 Tasse Olivenöl
- Etwas Apfel- oder Weißweinessig
- Chilischoten getrocknet, mindestens 2
- ½ Teelöffel Kümmel gemahlen
- 1 Prise Safran, falls vorrätig
- Die Einheimischen mischen sogar etwas trockenes Brot hinein, Paniermehl tut es auch

Alles mit dem Pürierstab sehr fein zerkleinern und gleich auf Vorrat einfrieren! Ihre Gäste werden es lieben und man ist dann doch froh, wenn man immer eine Reserve hat. Die Mocho lässt sich auch in der Mikrowelle in Sekunden auftauen und schmeckt auch warm, falls man nicht aufgepasst hat. Für die *grüne Mocho* nimmt man statt der Paprikaschote ein ganzes Bund frischen Korianders. Die restlichen Bestandteile bleiben die gleichen und können gern nach eigenem Gusto variiert werden. Sie ist auch lecker, allerdings musste ich mich erst an den Geschmack von frischem Koriander gewöhnen. Cilantro, wie die Kanaren es nennen, war damals 1995-1998 auf Lanzarote, noch nicht so mein Favorit. Inzwischen liebe ich die Grüne fast mehr als die Rote.

Dazu, wie bereits beschrieben, Kartöffelchen und Salat mit Orangenfilets. Drei Jahre habe ich auf der Insel Lanzarote gelebt, um mein damaliges Burn Out auszukurieren. Die Mocho ist noch eine Erinnerung an diese Zeit. Voila! Frohe Weihnachten, Merry Christmas everybody!

21.Februar 2016

Heute ist ein verregneter Montag. Jakob ist mit Husten und Grippe im Bett geblieben (habe dem Fläming-Gymnasium in Bad Belzig natürlich Bescheid gegeben). Nun hoffe ich, dass ihm der Hals-Rachentee mit Fenchelhonig guttun wird. Heute Früh wollte er noch nicht essen, nur einen Salzcracker. Aber Toast, zwei Scheiben mit Butter und Apfel- Birnengelee, hat er nun bereitwillig zu sich genommen. Dann haben wir noch Besuch von unseren Freunden, Mathias und Manuela, die uns helfen, Parkett in der Küche, in der ich grad sitze, zu verlegen, sowie in den Fluren. Mathias ist Vegetarier, und so habe ich ihm den letzten Ziegenkäse aufgetaut, den wir noch von unserer Maggie hatten. Maggie und Liesel, sowie die beiden Böckchen, sind gut untergekommen, bei einer Familie nahe Hannover. Die haben sonst nur Schafe und Schafsmilch und wollten die Ziegen vorrangig, um ihren Kindern auch im Winter frische Milch zu ermöglichen.

Inzwischen hat der neue Besitzer sich sogar eine Milchzentrifuge angeschafft und hat Fotos geschickt, wie er auch den ersten Ziegenkäse gezeigt hat. Als ich gestern Abend mal von unserem eingefrorenen Käse probiert habe, schauderte es mir, so sehr schmeckte es plötzlich nach Ziege. Also bin ich nicht wehmütig, alles hat seinen Sinn und seine Zeit. Nun haben wir nur noch die Hühner, die uns mit ihren guten Eiern versorgen. Im Herbst hatten sie eine Pause eingelegt und kaum noch Eier gelegt.

B evor ich es vergesse, ich habe es euch versprochen:

Haremszucker

Es ist so leicht, einen Haremszucker selbst herzustellen und er bringt so viele schöne Momente in den Alltag, hilft mir den Moment bewusster zu genießen und meine Batterien wieder aufzuladen. Jede Pause wird so zu einem echten Highlight.

Rosmarin ganz klein schneiden und nach Vorbild meines älteren Bruders Michael, den göttlichen Haremszucker zaubern:

1 Bund Rosmarin

1 TL Pfefferkörner

1 TL Zimt, Wacholderbeeren

½ TL Kardamom

½ TL Nelken

½ Tasse Zucker deiner Wahl

Alles im Mörser gut vermengen, bis es eine Masse geworden ist.

Dann den Zucker damit verrühren. Mit einer Prise dieses göttlichen „Haremszuckers" genieße ich meinen Kaffee (oder Tee) – einfach göttlich!!!

Einen weiteren Geheimtipp hat mir mein jüngeres Bruderherz Freddy geschenkt: *GOLDENMILK*. Jetzt werdet ihr euch fragen: was ist das denn? Genauso göttlich, aber nicht selbstgemacht. Ich trinke sie in meinem Tee, während ich schreibe. Es ist eine Mischung aus Kurkuma (entzündungshemmend!!!), Ashwagandha, Ingwer, Zimt, Triphala, Kokosblütenzucker und Pfeffer. Vegan, laktosefrei, glutenfrei, ohne Zusatz- Konservierungs- und Farbstoffen, ohne Gentechnik. Weitere Infos bekommt ihr auf: *www.omhnutrition.de*

Oliver ist in der Küche mit dem Einräumen der Einkäufe beschäftigt und erwähnte, dass wir gleich noch die Schlehen für den Likör vorbereiten müssen. Ein Teil ist bereits mit Zucker und Gin angesetzt. In dem 15 l Glasfässchen werden wir schon etwas Großartiges zusammenbrauen. Genauso haben wir unzählige Eimer Pflaumen (aus dem Pflaumenwäldchen…bevor es gelichtet wurde) mit Rum und Weinbrand versehen. Auch selbstgemachter Kirschlikör (von Olafs Kirschbaum) ist bereits äußerst süffig, sodass mir Oliver bereits weitere Kostproben vor Weihnachten verbieten musste…so köstlich…und die Farbe erst…und dieser Duft, wunderbar. Man könnte glauben, ich sei eine Schnapsdrossel, was wirklich nicht stimmt…

Aber heute Abend, also jetzt gleich, werden wir eine Flasche Rotwein öffnen, zur Feier des Tages: ich habe einen neuen Job und freue mich sehr! Bei der DHL in Bücknitz. Montag geht's los und ich hoffe, dass meine Kreativität nicht darunter leiden wird.

Noch ein Wort zur Küche (seit März genießen wir die neue Einbauküche von Höffner): gestern ist mir ein äußerst schmackhafter Wirsingkohleintopf gelungen, der aus eigenem Anbau stammt.

20 Wirsingkohlköpfe (unsere beiden Pferde mögen sie ebenso, zu meinem Leidwesen ebenso wie wir… solche Schlingel!), Kohlrabi ist auch gut gewesen. Blumenkohl haben Joey und Oregon ebenso geklaut, sodass ich nicht einen probieren konnte, und das nach all der langen Vorbereitungszeit, die ich damit zugebracht hatte. Das war schon recht ärgerlich. Aber ich bin ja selbst schuld, wenn ich die Pferde zu sorglos in unserem großen Garten grasen lasse, und sie natürlich auch den Gemüsegarten interessant finden. Tja, so bin ich eben. Das ist wohl meine Künstlerseele, die dann einfach Dinge macht, oder sein lässt, die andere nicht verstehen. Manchmal verstehe ich mich selbst auch nicht. Aber auf der anderen Seite bin ich auch ein wenig froh, wenn ich den Tag nicht bis in den letzten versteckten Winkel ausleuchte und durchplane und der Spontanität, und dem was sich einfach so ergibt, Raum lasse. Das große Bild passt ja dann doch irgendwie zusammen, und ich bin immer wieder erstaunt, wie die Puzzleteile sich zusammenfügen.

Ich schreibe aus einem meiner drei Trilogie-Tagebücher nun die letzte Eintragung aus dem Jahr 2016:

Der Spinat und Zucchini haben mir meinen Speiseplan am Abend verschönt, gebacken mit Eiern und Kräutern. Apropos, die Kräuter wachsen wie Unkraut, besonders Salbei und Melisse. Oregano und Thymian habe ich auch bereits getrocknet. Ich werde zum Abendbrot gerufen und muss nun enden.

Oma's weltbester Streuselkuchen

Für den Hefeteig:

- 500g Mehl
- 70 g Zucker
- 150 g Butter
- 1 Ei
- ¼ l lauwarme Milch
- 50 g Hefe/ 1 Würfel

Für die Streusel:

- 200g Butter
- 300g Mehl
- 200g Zucker
- 1 Prise Salz
- 1 Vanillezucker

Meine Oma hat tatsächlich den besten Streuselkuchen der Welt gebacken. Eure Oma auch? Also, versuchen wir diese Erinnerungen wachzuhalten: Man möge versuchen einen warmen Raum für die Zubereitung zu finden, keinesfalls im Durchzug. Nun nehmen wir eine große Schüssel und geben als erstes das Mehl hinein. Dann formen wir in der Mitte des Mehls eine Kuhle, in welche die Hefe hineingebröckelt wird. Als nächstes geben wir 2 Teelöffel Zucker und etwas warme Milch auf die Hefe und decken alles mit 2 Teelöffeln Mehl zu. Auf den Mehlrand geben wir 150 g weiche Butterflocken. Das Ei aufschlagen und komplett hinzugeben. Wir mixen alles für ca. 3 Minuten mit einem elektrischen Knethaken, damit Luft in den Teig gelangt. Den Teig an einem Warmen Ort gehen lassen, bis sich das Volumen verdoppelt hat. Den geschmeidigen Hefeteig geben wir auf ein gefettetes Backblech, wo er nun ein wenig ruhen kann. Er sollte 25 Minuten gehen. In der Zeit bereiten wir die Streusel vor, und der Ofen kann bereits auf 190°C vorgeheizt werden.

200g kältere Butter mit 200 g Zucker, einer kleinen Prise Salz, einem Beutel Vanillezucker und ½ Teelöffel Backpulver mit dem Rührhaken schnell zu den geliebten Streuseln verarbeiten. Sie dürfen nicht warm werden, sonst lassen sie sich nicht so gut auf den vorbereiteten Hefeteigboden streuseln. Den vorbereiteten Hefeteig auf dem Backblech nun zurechtstellen, damit wir ihn von allen Seiten erreichen können. Die Hände eventuell mit etwas Sonnenblumenöl benetzen, damit alles bestens funktioniert und wir die Streusel mit den Händen auf den Hefeboden streuseln. Gleichmäßig auf dem Hefeteig verteilen. Auf die mittlere Schiene im vorgeheizten Backofen schieben und backen.

Elektroherd 190°C – ca. 20 Minuten – mittlerer Schiene

Eine Karte von meiner lieben Ute habe ich ganz hinten in einem meiner Tagebücher gefunden:

Liebe Nachbarin,

herzlichen Dank für Ihren köstlichen Streuselkuchen.
Er war bei den Gästen sehr beliebt:
„ein richtiger Landkuchen!"
Liebe Grüße und gute Wünsche von Haus zu Haus

Ihre Ute G.

Und so wird mir nun doch etwas weh ums Herz, weil wenn ich heute im Frühjahr 2021 auf fast zehn Jahre Buckautal und unseren Selbstversorgerhof zurückblicke, so kann ich sagen, es war eine Bereicherung. Trotz der vielen Arbeit, schlaflosen Nächten und auch Zerreisproben, möchte ich diese Zeit nicht mehr missen. Es ist ein wahrer Erinnerungsschatz, aus dem ich nun schöpfen darf. Als ich noch eine recht junge Frau war, hat mir mal eine „seriöse" Kartenlegerin folgenden Satz mit auf den Weg gegeben:

„Es muss ein neues Gebäude aus soliden Grundwerten errichtet werden!"

Natürlich war das vor allem symbolisch gemeint, aber doch glaube ich, dass Buckautal einen wesentlichen Beitrag dazu geleistet hat, dass ich mein Leben noch einmal auf andere Füße stellen durfte. Ein Leben, in dem ich auf die elementaren Grundwerte reduziert war, ließ mich erinnern, wer ich wirklich war und bin: Ein Mensch, der mit all seinen Sinnen, jeden neuen Tag als Geschenk angenommen hat. Die Elemente habe ich oft recht extrem empfunden. Winter so kalt, dass die Eisblumen die bizarrsten Bilder an die Fenster zauberten. Sommer so heiß, dass wir uns mehrmals am Tag, nur durch eine Abkühlung im Fluss erfrischen konnten. Abende am Lagerfeuer, Feste mit Freunden, Musik und den Vorrat meines Mannes aus seiner Whisky-Sammlung, den so mancher Nachbar vermissen wird (ich selbst komm da nicht ran, bevorzuge harmlosere Nebelwerfer) … Natürlich kann man so ein Landleben herbeisehnen und sich romantisch ausmalen. Allerdings sieht die Realität, der Alttag,, oft anders aus. Verpflichtung, Verantwortung und regelmäßige Verbesserung von allen Handgriffen, die es auf so einem Hof zu erledigen gibt, bestimmen dieses Leben. 10 Jahre, die wir so nicht geplant hatten.

Vielleicht wäre es eine interessante Idee, Menschen für einen Zeitraum einen Einblick in dieses Landleben zu ermöglichen. So kann man sich ausprobieren und herausfinden, ob dieses Leben wirklich zu einem passt und man sich zutraut, es kräftemäßig durchzuhalten. Ich denke, dass man grundsätzlich sagen kann, dass Achtsamkeit immer ein guter Begleiter sein wird, auch hier. Wir üben alle noch, wie das Leben am besten funktioniert, oder?

180

Einiges werde ich vermissen. Aber das Wichtigste wird mir immer bleiben, mein Credo: Carpe Diem. Nutze den Tag, pflücke den Tag. Gestern anders als heute und heute anders als morgen.

Nachwort

Wenn ich so zurückblicke, so kann ich nur schwer nachvollziehen, dass ich früher weder Veganer noch Vegetarier war. Ich fand es ganz „normal" mich von Tieren und tierischen Produkten wie Fleisch, Milch, Eier oder Käse zu ernähren. Seitdem hat sich mein Leben völlig verändert.

Es bricht mir das Herz, wenn ich überlege, wie viele Tiere wir bereits in unserem Leben gegessen haben. Bist du mutig genug, weiterzulesen? Da wir uns **nicht dagegen** entschieden hatten, sind wir also tatsächlich schuldig an dessen Leiden und Tod. Natürlich wird man sagen (wer ist eigentlich man?), so sind wir eben traditionell aufgewachsen, das ist unsere Kultur…ich sag dir was: Ich Scheiß drauf. Weil, mir kann keiner erzählen, dass wenn wir, du und ich, mit eigenen Augen die Haltung, das Leid bis hin zum Schlachten des Tieres, miterleben würden, dass einen großen Unterschied machen könnte. Die Zeit ist längst überfällig, damit aufzuhören. Was willst du deinen Kindern oder Enkeln erzählen, wenn sie dich fragen, ob du all das gewusst und nichts dagegen getan hast? Ich danke aus tiefstem Herzen meinem Sohn dafür, dass er mich und meinen Mann mit dieser Thematik immer wieder konfrontiert hat, bis wir eines Tages nicht mehr wegschauen konnten. Was war der AUSLÖSER? Ich verrate es dir; unser Sohn sagte sinngemäß: Es ist so anstrengend, wenn man sich so fühlt, als wäre man der einzige Mensch auf der Welt, der so fühlt. Dieser Satz berührt mich wieder und wieder zutiefst…und auch jetzt begleiten mich Tränen. Wie geht es dir? Es war nicht meine Absicht, dieses Thema zu einem Teil der Trilogie zu machen, es hat sich einfach so gefügt. Ein wichtiges Puzzleteil, das anscheinend gefehlt hatte, und dieses Buch hoffentlich einen Siegeszug um die Welt machen lässt; ich hätte nichts dagegen einzuwenden. Das wünsche ich mir jedenfalls für dieses so wichtige Thema, wofür wir alle gemeinsam die volle Verantwortung tragen. Bitte lasst uns endlich hinsehen. Lasst uns im Kleinen wie im Großen unser Leben bewusster leben.

An dieser Stelle geht mein Dank an Kate Schuler und ihr unglaublich wichtiges Buch *HOW TO GO VEGAN – VEGANUARY, by Hodder & Stoughton Ltd.* *.Veganuary bedeutet, dass man für einen Monat seiner Wahl sich nur pflanzenbasiert ernährt und somit einfach unverbindlich ausprobiert. 99% der Leser von Veganuary können es empfehlen (The survey results from VEGANUARY #2017 suggest almost all participants would recommend Veganuary to their friends.)*

'This was the best decision of my life. I know lots of people say it, and I certainly mean it: I wish that I had been vegan all of my life. The only regret I have about being a vegan is that I wish I'd done it sooner. '

Peter Egan, actor, UK, Veganuary Class of 2016

Laut der Albert Schweitzer Stiftung *essen Deutsche über 12 Milliarden Tiere pro Jahr. Der durchschnittliche Bundesbürger isst rund 150 Tiere pro Jahr (und ist damit auch für deren Tod verantwortlich). Die Albert Schweitzer Stiftung für unsere Mitwelt beispielsweise ruft dazu auf, diese Zahl drastisch zu senken. „Jeder kann durch eine bewusstere Ernährung seinen Beitrag dazu leisten, das Massenschlachten zu beenden", erläutert Wolfgang Schindler, Präsident der Albert Schweitzer Stiftung für unsere Mitwelt. Die Stiftung setzt sich für die Einführung eines freiwilligen vegetarischen Wochentags ein, der dazu beitragen kann, dass 1,7 Milliarden Tiere pro Jahr zu verschonen. Sie arbeitet außerdem erfolgreich mit den Betreibern von Mensen und Kantinen daran, das vegetarische und vegane Angebot zu verbessern, um schmackhafte Alternativen zu Fleisch und Fisch bereitzustellen. Bislang gab es nur Zahlen zu den jährlich gegessenen Landtieren. Jetzt wurde über das*

Projekt www.fishcount.org.uk zum ersten Mal die Zahl der konsumierten Fische berechnet. Danach liegt die Zahl der weltweit gefangenen Fische (ohne Beifang – das bedeutet alles, was im Netz gelandet ist, aber nicht verwertet wird, aber trotzdem dadurch getötet wird wie beispielsweise auch unzählige geschützte Tierarten wie Schildkröten oder Delphine) bei etwa einer Billion. Deutschland hat laut Angaben der Welternährungsorganisation einen Anteil von 1,11% am weltweiten Fischkonsum, was etwa elf Milliarden Fischen pro Jahr entspricht. Zur Berechnung: Die rund 12 Milliarden Tiere pro Jahr setzen sich zusammen aus:

- 5,5 Mio. Rindern und kleinen Kälbchen
- 48,1 Mio Schweinen
- 3,8 Mio. Schafen / Ziegen
- 970,6 Mio. Hühnern
- 37,9 Mio. Enten
- 12,8 Mio. Gänsen
- 47,4 Mio. Puten
- 11,1 Milliarden Fischen

Die Anzahl der Landtiere hat der VEBU im Jahr 2023 berechnet. Sie beziehen sich dabei vor allem auf Quellen vom Bundeslandwirtschaftsministerium. Wir haben die Berechnung geprüft und für gut/richtig befunden. Die Anzahl der Fische haben wir über das Projekt www.fishcount.or.uk geschätzt. Hier wurden die offiziellen Fangmengen sowie das durchschnittliche Gewicht der einzelnen Fischarten verwendet, um die Zahl der jährlich gefangenen Fische zu berechnen.

Seit November 2021 habe ich das große Glück, gemeinsam mit meinem Mann auf einer der Inseln der Balearen leben zu dürfen, Menorca. Es ist mir ein Bedürfnis, mich so oft es nur geht, mit den Elementen der Natur zu verbinden. Dazu gehört für mich auch, sich mit einer Taucherbrille beim Schnorcheln die Unterwasserwelt anzusehen. Dadurch habe ich einen völlig neuen Blickwinkel auf die Welt der Fische. Es ist so faszinierend sich etwas Zeit am Tag zu nehmen, und vielleicht sind es nur 30 Minuten, aber sie verändern mein Leben. Dadurch empfinde ich völlig anders, so als wäre ich inzwischen ein Teil der Welt. Ich bin nicht mehr nur ein neutraler Betrachter, der aufs Leben schaut, sondern fühle mich lebendig, wie ein Organ, das zum Erhalt des Ganzen beiträgt. Wenn ich erfüllt von einem Schnorchelgang an den Strand zurückkehre, bin ich erfüllt von Dankbarkeit. Natürlich ist es mir auch immer ein Bedürfnis, den Strand mit aufzuräumen, achtlos weggeworfene Zigarettenkippen etc. aber das ist ein anderes Thema. Mein Freund Carlos Salord von PER LA MAR VIVA kämpft täglich und tatkräftig (ein grandioses Beispiel) für unser aller Meer.

Ich möchte an unser aller gesunden Menschenverstand appellieren, nicht als Missionar, sondern als ein freundlich gesinnter Mitmensch, der diesen wundervollen Globus mit dir teilen darf. Es erfüllt mich mit Demut, dass ich all die Jahre, das Leben für selbstverständlich gehalten habe, sowie auch alles, womit ich aufwuchs. Ich bin im Jahr 1966 geboren, im Westteil der damals eingemauerten Heimatstadt Berlin, die ich im Herzen trage. Seitdem hat sich viel verändert. Mein Sohn ist im Jahr 2001 geboren und hat einen völlig anderen Blickwinkel auf die Welt. Er nimmt das Leben und alles, was ihn umgibt, nicht als selbstverständlich gegeben hin. Die Generationen nach uns fragen sich, wie es weitergeht. Und ja, es geht hier nicht um Schuldzuweisungen, nein, es geht darum, die Reißleine zu ziehen, bevor es zu spät ist.

Den Tieren, denen ich bewusst oder unbewusst Leid zugefügt habe, bitte ich um Vergebung. Nachdem meine Mutter im Jahr 2018 mit fast 80 Jahren verstarb, machte das, was mit mir. Wir hatten als Mehrgenerationenhof insgesamt 10 Jahre auf dem Hof im Fläming gelebt. Das alles hatten wir so nicht geplant. Das Leben wirft uns manchmal Herausforderungen vor die Füße und wir können sie annehmen und etwas Großes daraus lernen, oder wir lassen alles beim Altem und es verändert sich nicht viel. Die berühmte Komfortzone zu verlassen, ist oftmals eine der schwersten Übungen, aber bringt die beste Chance mit sich, damit wir das Leben aus einer neuen Perspektive betrachten und erleben dürfen. Eben läuft ein winzig kleines Tier über meinen Bildschirm, winziger als einen Millimeter, bald erreicht es den Rand meines Bildschirms. Bingo! Auch dieser hat eine Perspektive. Und wir alle sind ein Teil des großen Ganzen.

Ich danke meinem Sohn aus tiefstem Herzen, dass er nicht aufgegeben hat. Meine Ernährung heute besteht aus Obst, Gemüse, Nüssen, Pilzen, Ölen, Algen, vielen frischen Früchten, interessanten Gewürzen und Kräutern. Meine Gesundheit und mein Gewicht waren nie besser. Dafür bin ich unendlich dankbar. Ich werde mein weiteres Leben dafür nutzen, um über meine Erfahrungen zu sprechen. Wenn es möglich wird, im Fernsehen darüber zu berichten, werde ich es tun und kann es kaum erwarten. Mit all den kleinen Schritten, die jeder einzelne von uns geht, können wir als Ganzes langfristig, vor allem für die Generationen, die nach uns folgen, einen Unterschied bewirken. Frag dich jetzt, hier und heute, ob du bereit bist für diese Veränderung.

„Die Erde wird weiter existieren, auch ohne uns Menschen. Aber wir Menschen werden ohne die Erde nicht weiterleben können."

Sir David Attenborough

OBJEKTBESCHREIBUNG

Seit dem Jahr 1935 steht das großzügig geschnittene Zweifamilienhaus als Zentrum des ursprünglichen Vierseitenhofs.

Es liegt ideal auf einem herrlichen Sonnengrundstück, und bietet seinen Bewohnern ein idyllisches Zuhause inmitten des Naturpark Hoher Fläming. Dieses Anwesen besteht aus dem teilunterkellerten Haupthaus, mit sofort beziehbaren Räumen im Erd- und Obergeschoss, die jede Menge Gemütlichkeit und historischen Charme ausstrahlen. Alle Räume sind hell, stilvoll und im Landhausstil mit viel Liebe zum Detail eingerichtet. Zusätzlich eignen sich ein weitläufiger, niedriger Dachboden, sowie eine Speisekammer hervorragend als Lagerraum. Ein weiteres Highlight sind drei Kaminöfen, jeweils in beiden Wohnküchen, als auch im Wohnzimmer des Obergeschosses. Im Keller befindet sich eine kleine Werkstatt, die Buderus-Heizungsanlage mit Gasanschluss und größere Räumlichkeiten für noch mehr Stauraum. Das komplett barrierefreie Erdgeschoss lässt sich über eine Rampe im Innenhof des Dreiseithofs gut erreichen, wo sich auch die ca. 40 m² Sonnenterrasse befindet. Somit wäre nicht nur ein traumhaftes Mehrgenerationenhaus auf dem Land möglich, sondern z.B. auch ein Therapiezentrum oder eine Praxis.

Das Haupthaus wurde nach Übernahme 2013 komplett saniert und bis heute durchgehend modernisiert. Das Abwasser wird in eine 3-Kammer-Grube geleitet, die mit wenig Aufwand als Bio-Kläranlage umgerüstet werden könnte.

Hier kann man auf ca. 270 m² Wohnfläche und ca. 3872 m² Grundstücksfläche Geschichte spüren, erleben und anfassen.

Die rund 300 Jahre alten Stallungen auf beiden Seiten des Hauptgebäudes, können zur Haltung für ein halbes Dutzend Pferde, oder anderer Nutztiere dienen. Das Grundstück erstreckt sich bis zur Straße über eine weite Wiesenfläche, die vereinzelt mit Obstbäumen bepflanzt ist. Mit dem eigenen Grundwasseranschluss ist es eine Freude, den eigenen Gemüsegarten und die vielen Blumen, wie englische Rosen, zu versorgen. Die ruhige Lage und der freie Blick ins Grüne laden zur Erholung ein und garantieren atemberaubende Sonnenuntergänge.

2012/07/08

Holz für unsere Kaminöfen musste immer ausreichend vorbereitet werden. Falls sich Holzwürmer darin befinden, sollten es besser nicht im Haus gelagert werden.

Zu gerne hatten wir Gäste bei uns. Für alle ist es eine Abwechslung und ein Highlight der Woche!

Die Stallungen waren wunderbar geräumig für alle Tiere. Schwalben bauen hier seit eh und je gern ihre Nester und sind willkommene Schädlingsbekämpfer (Mücken), Katzen schlafen im Heu.

What a wonderful world

Louis Armstrong

•

•

Eines von 970,6 Mio. Hühnern (pro Jahr)

Über dein persönliches Feedback bin ich offen und gespannt:

shop@tintajoyce.com

Falls Du das Thema weiterempfehlen möchtest, freut mich das ganz besonders. Es kann nicht genug über die Idee VEGANUARY gesprochen werden. Aber dein ganz persönliches Tun, so wie du im Alltag leben wirst, das wird unsere Erde, und langfristig auch das Leben unter uns Mitmenschen, beeinflussen. Jeder einzelne von uns macht einen Unterschied. Und alle gemeinsam sind wir das große Ganze!

Weitere Werke von mir:

Der Hahn kräht
Gedanken während der Corona Pandemie
und mehr
Martina C. Bund

Romane & Erzählungen
Hardcover
52 Seiten
ISBN-13: 9783752691504

Verlag: Books on Demand
Erscheinungsdatum: 18.12.2020
Sprache: Deutsch

Schlagworte: Corona Pandemie, Selbstreflektion,
ADHS, Gedichte, Musik, Mozart, Krafttierreise,
Fridays for Future, Natur erleben, Depression, Berlin
und Brandenburg

Carpe Diem
Essenzen

Martina C. Hammond Bund

Film, Kunst & Kultur
Hardcover
108 Seiten
ISBN-13: 9783756220823

Verlag: Books on Demand
Erscheinungsdatum: 07.06.2022
Sprache: Deutsch

Schlagworte: Erde, Fridays for Future, Tiere, Nahrung, Wasser

Notizbuch
frei sein

TINTA JOYCE, Martina Christiane Hammond Bund

Band 1: Tinta Joyce
Lifestyle & Design
Paperback
166 Seiten
ISBN-13: 9783759767318

Verlag: BoD - Books on Demand
Erscheinungsdatum: 24.07.2024
Sprache: Deutsch

Schlagworte: leere Seiten, Tagebuch, Notizbuch, Frei
sein, Skizzenbuch

Carnet de notes
Liberté

TINTA JOYCE, Martina Christiane Hammond Bund

Band 4: TINTA JOYCE
Lifestyle & Design
Paperback
166 Seiten
ISBN-13: 9783759761828

Verlag: BoD - Books on Demand
Erscheinungsdatum: 25.07.2024
Sprache: Französisch

Schlagworte: 164 pages blanches, Agenda, carnet de notes, Livret de dessins, liberté

Olympia
edition liberté

Tinta Joyce, Martina Christiane Hammond Bund

Band 5: OLYMPIA edition
Lifestyle & Design
Hardcover
166 Seiten
ISBN-13: 9783759770394

Verlag: BoD - Books on Demand
Erscheinungsdatum: 31.07.2024
Sprache: Französisch

Schlagworte: 164 pages blanches, Agenda, carnet de
notes, Livret de dessins, liberté

Libro de notas
ser libre

TINTA JOYCE, Martina Christiane Hammond Bund

Band 3: Tinta Joyce
Lifestyle & Design
Paperback
166 Seiten
ISBN-13: 9783759766502

Verlag: BoD - Books on Demand
Erscheinungsdatum: 24.07.2024
Sprache: Spanisch

Schlagworte: 164 paginas vacias, diario, Libro para notas, Bloc de dibujo, ser libre

Wir nennen es Leben –
Die ziemlich wahre Erzählung

Tinta Joyce

Romane & Erzählungen
Paperback
214 Seiten
ISBN-13: 9783758364341

Verlag: BoD - Books on Demand
Erscheinungsdatum: 30.05.2024
Sprache: Deutsch

Schlagworte: alleinerziehend, Kinderwunsch, Hartz 4, Mut, Happy End

(Neuauflage des Debüts von 2008
Martina C. Bund – Oberbaum Verlag Berlin GBR)

We call this living
An almost true story, and it may be partly your own...

Martina C. Bund

Romane & Erzählungen
Paperback
164 Seiten
ISBN-13: 9783751982863

Verlag: Books on Demand
Erscheinungsdatum: 19.08.2020
Sprache: Englisch

Schlagworte: Successful single parenting,
Criticism of society, Escape to Lanzarote,
from multiple oppression, Survival,
The welfare system

MENORCA - Die 12 besten Wohnmobil-Routen

4-sprachig: Deutsch, English, Francais, Espanol
Taschenbuch – 24. März 2023
267 Seiten

von Martina C. Hammond Bund (Autor),
Robert Hammond (Autor),
Sophie Mondeil (Übersetzer),
Laura Wolton (Übersetzer)

Verlag: AMAZON
ISBN: 979-8387316968

Der erste Wohnmobilführer Menorcas!
Dieses Buch hätten wir uns als Orientierung selbst
gewünscht.
The first motorhome-guide for Menorca!
We wished we had such a book in the beginning.
Le premier guide pour découvrir Minorque en
camping-car ! Nous aurions aimé avoir un tel ouvrage
lors de nos premières étapes…
¡La primera guía para descubrir Menorca en
autocaravana! Nos hubiera gustàdo tener un libro así la
primera vez que visitamos la isla.

Danke, es war mir ein Vergnügen

Unser Dank geht an all die fleißigen und unermüdlichen Freunde und Helfer und unsere Familie, die uns in den zehn Jahren, die wir hier gelebt haben, immens geholfen haben. Ohne euch hätten wir es nicht geschafft. Auch geht ein großer Dank an unseren Sohn, für sein Verständnis, dass wir uns vom Hof nicht versklaven lassen wollten und mit dem Verkauf als Sprungbrett, nochmals ein neues Leben auf den Balearen, auf der Paradiesinsel Menorca, gewählt haben. Wir erinnern uns gern an die gemeinsame Zeit.

Milton Keynes UK
Ingram Content Group UK Ltd.
UKHW041844121024
449535UK00004B/311

9 783759 752604